暮らしをつむぐ

より子式・日々の重ねかた

坂井より子

技術評論社

COMODO
LIFE BOOK

はじめに

毎日の家事は、同じことの繰り返し。
だからこそ、その繰り返しをたのしめるかどうかで、
自分の毎日が変わります。
せっかく家事をするのなら、たのしいほうがいい。
そんな思いで40年間の主婦業を続けてきました。
家事はとっても自由なもの。やり方は自分で決めていいのです。
自分や家族にとって心地がいいこと。
笑顔でいられるぐらいに、ラクな方法であること。
このふたつがとても大事。
最初は何かを参考にしたとしても、

自分に合わせて変えていくことで、
「自分らしい暮らし」ができあがります。

30代、40代、50代と、あれこれ工夫しながら、
自分らしさを見つけていくプロセスは、とてもおもしろいものでした。

今の私は70代。２０１６年の秋より、
娘家族、息子家族と３世帯同居をはじめまして、
３人の孫に囲まれながら生活しています。

この本では私がふだんしている家事のこと、
日常で大切にしていることなどを、ご紹介したいと思います。

少しでも、みなさまのお役に立てましたら幸いです。

第二章

料理をたのしくするために

第三章

マイパターンをもつ

第四章

これまでの暮らし

第五章

あたらしい住まい方

第一章

私の毎日と家しごと

一日のはじまりは身じたくから

朝の5時半。起きてすぐ身じたくをすることから、私の一日がはじまります。毎日決まった流れで洗顔、洗髪、お化粧、着替えをすませるまでに、かかる時間はだいたい15分。若い頃から髪の毛は一度も染めたことがありませんが、セットがしやすいように、ずっとパーマをかけてきました。朝にシャンプーをすれば寝ぐせを気にしなくていいですし、パーマのおかげで洗いっぱなしでいられるのが合理的です。

お化粧品にはとくにこだわりがなく、使っているのはドラッグストアで買えるものばかり。40代ぐらいの頃は、エステにも行って、高価なお化粧品を使っていた時期もあったのですが、お金をかけたからといって私の肌はあまり変わらないようでした。今となっては日焼け止めも塗らないぐらいのざっくりしたお手入れです。私の場合、身じたくにもついつい「ラクするための段取り」を考えてしまうのですね。メイクの手間を省きたくて、じつはまゆ毛にアートメ

イクをしています。毎日のことですから、短い時間で支度が終わるのが優先。着るお洋服もパターンを決めていますので、忙しい朝に着替えで悩んだりすることもありません（普段着については82ページに書いています）。

身だしなみが整いましたら、家事のスタートです。わが家では夜に洗濯機をまわし、部屋干しをするのが長年の習慣ですが、その洗濯物を外に出してお日様にあてるところから、家事のスイッチが入ります。夜の間に部屋干しだった洗濯物も、一時間ほどお日様にあてればカラリと乾きますので、取り込んでたたみます。曇りや雨降りの日には、乾燥機の力を借りて完全に乾かしてからたたんでいます。どんな日でも、7時前には洗濯物がすべてクローゼットに片づいた状態。来客が多かったこともあり、日中、軒下に洗濯物を干していますと、あまりに生活感が出るのが気になって、このような段取りになりました。洗濯物をたたむのは大好きな作業ですし、引き出しのなかにきれいにおさまった服やタオルを見ますと充実した気持ちになります。

洗濯物を外に出したら、つぎにするのは朝ごはんの支度。だいたい毎朝6時前には、キッチンに立っています。ここから9時までのおよそ3時間が、私にとっていちばんの働きどき。元気がある朝のうちに家事の7割がたを終えてしまえば、その後の一日がとても穏やかにすごせるからです。朝ごはん作りと同時進行で、晩ごはんの献立を決めて一品を仕込みます。ひじきを煮たり、さつま揚げと大根を煮たり、家にある材料で簡単な煮物を、毎日一品作っておくと、晩ごはんの支度がとてもスムーズになります。野菜もとれますし、鍋に入れたまま置いておけて、出すときに温めるだけでおいしく食べられます。同居をしている娘家族などの好みに合わせますと、晩のおかずは炒め物や揚げ物が多くなりますが、煮物がひとつできあがっていれば、夕方からの支度が慌ただしくならないのです。朝昼晩、3度のお食事は、私が暮らしのなかでいちばん大切にしていることですので、先取り仕事で進めておくのが安心です。

6時半をすぎたら一度キッチンを離れ、前述のように洗濯物を取り込んでたたみますと、7時から朝ごはんです。週のうち半分は同居の孫たちと、主人、私で食べています。家族を見送ってからは、後片づけや掃除をすませます。家事には終わりがなくて、やろうと思えばいくらでも見つかりますけれども、9時にはひと区切りをつけて、日課を終えた達成感を味わいます。

汚れをためない4パターン掃除

家事や生活のあれこれについては、自分に向いている方法を見つけたら、毎日、同じように繰り返す。そんなやり方が、私の性に合っているみたいです。朝5時半に起きて、まるでたくさんのことをしているように見えるかもしれませんが、毎日繰り返していれば身体が覚えますので、頭で考えなくても自動的に動けるのがラクなのです。

一方で、やらなくちゃいけないことをためてしまうのが、とっても苦手です。ためればためるほど、あとがたいへんになりますし、ためているという後ろめたさで気持ちが落ち着きません。ですからあまりガチガチに「週に何回はここを掃除する」などとは決めないようにしています。できないときに、プレッシャーになってしまいますから。

そんな性分ゆえに、掃除や片づけについては「ついで」にすませたり、「流れ」に組み込んだりして、ちょっとずつ終わらせるようになりました。おもなパターンは4つ。「日課の10分掃除」、「ついでの掃除」、「リセット片づけ」、「気づいた日の掃除」です。どれも最初から「こうしよう」とルール決めをしたわけではありませんが、自然な流れや気になるタイミングで動いているうちに、習慣になったもの。自分に無理がないから、ずっと続けられているのだと思います。

まず、朝ごはんを食べたあとは食器を洗ってキッチンを片づけますので、その流れですませるのが「日課の10分掃除」です。家族がいちばん使うリビングやキッチンの床を掃除します。掃除機はコンセントの抜き差しが面倒ですし、ガラガラと引きずるのが重いので、ほうきを使って家の奥からサーッと掃くのが簡単です。キッチンの床は汚れますので固く絞った雑巾で拭いています。

トイレ、洗面所、お風呂などの水周りは、自分が使ったタイミングで「ついでの掃除」をします。あらためてやろうとすると腰を上げなくてはいけませんから、ひと仕事に感じますけれど、使ったついでにすませてしまえば2~3分で終わるのです。後まわしにするとキリがないので、トイレと洗面所は朝いちばんに自分が使ったあとで掃除をしています。

ふだんのものの片づけについても、あらためて機会を作ることはありません。わが家のものにはすべて指定席が決まっていますので、使ったらもとに戻すことを繰り返していれば、そうは散らからないのです。それでも、朝、昼、晩のごはんのあたりは何かとものが出ていますので、それぞれの後片づけの最後に、表に出ているものを所定の位置へ戻す「リセット片づけ」をしています。1回にかかる時間はほんの2～3分で、充分に片づきます。もし1日3回できなくても、朝晩それぞれ5分も集中すれば、すごく片づくと思います。同居をしていますので、孫の持ち物などが置きっぱなしのこともありますが、階段の下にまとめておいて、部屋に上がるときに「持っていってね」と声をかけています。

こんな具合に毎日ちょこちょこと手を動かしていれば、一定のきれいさは保てますけれど、ふだんは気づかない棚の上のほこりや窓の汚れに、ふと気づく日があるのです。このときばかりは「よし、やりましょう」と、日課を終えたあとであらためて腰を上げ、雑巾を持ちます。それが「気づいた日の掃除」です。汚れが見えた一カ所だけでなく、ここが汚れているならばほかも汚れているはずと思って、掃除の範囲を広げます。

毎朝起きるとすぐにコーヒーメーカーをセット。コーヒーが入りましたら、自分が飲むよりまず先に、お仏壇にお供えするのも日課です。お仏壇の掃除もこのタイミングでしています。

日課の10分掃除

朝ごはんの片づけが終わったら、
その流れで
家族が集うリビングや
キッチンの床を
ほうきや雑巾でサッと掃除。
毎日すれば、汚れがたまらず
10分できれいに。

掃除道具は、コードの抜き差しがいらず、パッと手に取ったらそのままサーッと掃ける身軽さがよくて、ほうきを使って部屋の奥からゴミを掃きだしていきます。

キッチンの床は拭き掃除をします。マットを敷けば水はねなどで床が傷むのを防げるのでしょうが、ほこりがたまりますし、拭き掃除がしにくくなるので使っていません。

ついでの掃除

トイレ、洗面所、お風呂などの水周りは、
自分が使ったあとで、ついでに掃除。
それぞれ5分もかかりませんので、
あらためて掃除をしようとするより
うーんとラクです。

洗面台は水がはねますが、最後に水滴を拭き上げると仕上がりがきれいに。またすぐに濡らすと思ってもしっかり拭き上げて、ピカピカになった洗面台に自己満足します。

リセット片づけ

朝、昼、晩。
1日3回、食後の片づけの最後に、
表に出ているものを所定の位置へ戻します。
ほんの2〜3分のリセットで充分に片づいて、
すっきりした気持ちに。

わが家ではものの指定席がすべて決まっていますので、いつもの場所にパパッと戻すだけ。出し入れがしやすいように、余裕のある収納にしておくことも心がけています。

気づいた日の掃除

何曜日にどこどこを掃除する、
というような決まりは
作っていませんけれど、
棚の上のほこりや窓の汚れが
急に気になったら、
その日が掃除をするタイミング。
腰を上げて向き合います。

棚の上にうっすらほこりがかぶっていたら、きっとほかの場所もそうなっていると思い、拭き掃除の日に。木の家具の溝の汚れは、竹串を使って落としていきます。

窓掃除には、蚊帳の台ふきんのボロを使うのがラクです。ぎゅーっと絞れるので、水のあとがつきにくく、きれいに拭き上げることができます。

一週間のメリハリ

3世帯がひとつ屋根の下で暮らしておりますので、家族の生活リズムを頭に入れながら、一週間をすごしているのが現在の私の暮らしです。

毎朝の日課を終えますと、9時からの時間の使い方は、その日によって違います。週の半分ぐらいは午前中いっぱいまで「気づいた日の掃除」をしたり、常備菜や保存食を作ったり、気になる家事を片づけています。とくに週のはじめの月曜日は、なんだかんだと動いていることが多いです。ここではかどらせておきますと、あとの日が気持ち良くまわるような気がします。

お昼をはさみましたら、午後からはのんびりテレビを観て息抜きの時間に。15時をすぎると小学生の孫たちが学校から帰ってきますから、宿題を見て、おやつを出してと家のなかが活気づきます。近所のお友だちもよく遊びにきていまして、とても賑やかです。17時をまわった頃から晩ごはんの支度をはじめて、18時半には食卓についています。

火曜日、木曜日も孫の帰りを迎えたいので、夕方に家にいられる範囲の予定を入れています。自分のお友だちをお招きするとか、自宅を使う取材や撮影をお受けするようなすごし方をしています。もし出かけるとしても遠くへは行かず、15時には自宅に戻ります。

お友だちと買い物に行ったり、お話し会や出張のお料理教室を開いたり、自分の時間をたのしむ予定を入れるのは、水曜日です。娘が家にいられる日なので、主人の晩ごはんをお願いできますから、帰りを気にせず出かけられます。

◎ある一週間のすごし方

月曜日

週のはじめは、家仕事を片づけます。午後は翌日の取材・撮影の準備など。

火曜日

朝から雑誌の取材・撮影。夕方には終了です。

水曜日

外出するなら水曜日と決めています。お友だちと鎌倉へ。晩ごはんの用意は娘にお願いして、夕方までゆっくり。

木曜日

午前中は家仕事。午後はお友だちがわが家へ遊びに。

金曜日

午前中は体操教室。そのままお仲間たちとランチを食べて、14時頃帰宅。

土曜日

午前中は娘家族と食料品の買い出し。午後は冷蔵庫整理など。

日曜日

日課を終えたら、あとはのんびり。夜は娘家族、息子家族と晩ごはん。

金曜日は、毎週午前中に体操へ通っています。同世代の人たちばかりのお教室で、2時間ぐらい身体を動かしたら、みんなでランチへ行くのが恒例です。

土曜日と日曜日の朝はいつもよりゆっくりモードで、孫と一緒にテレビを観ることからはじまりますが、6時ぐらいになりますともう落ち着かなくなって動き出しています。遅くまで寝ているとすごく損した気持ちになるので、大幅な寝坊ができません。でもそのぶん、お昼寝をするととっても気分がいいのです。やることをすませてから寝るからだと思います。そんな性分ですから土日も6時から日課をこなしていますが、土曜日の朝は孫たちが近所にパンを買いに行きますので、そのまま娘家族の部屋に招待してもらい、焼き立てのパンで朝ごはんをしています。その後、私と娘と、時々は孫たちもついてきて、一週間分のまとめ買いに出かけます。私も主人も、混んでいる土日にわざわざお出かけすることはありませんが、若い人たちの予定はいろいろですので、夜ごはんは一緒に食べたり、食べなかったりです。3世帯が集まって食べることもあります。夫婦ふたりで落ち着いて食事をする日もあれば、大人数で賑やかに食べられる日もあって、両方が味わえる今の毎日をとても幸せに感じています。

ランチは定番を作る

夫婦ふたりのお昼ごはんは、家にあるもので作ります。こちらもパターンが決まっていまして、焼きおにぎりに、冷蔵庫にある残りもののおかずを1~2品合わせるのが定番です。おにぎりは冷凍でストックしているものか、朝ごはんの残りをにぎっておいて、食べる直前に魚焼きグリルでこんがり焼いています。わが家のごはんには玄米パウダーやごまパウダーなどをまぜているので、おにぎりだけでも栄養がとれますし、身体にたまったものを排出する働きも。私は今年で70歳、主人は77歳になりましたが、ありがたいことに大病せずにこれましたのは、毎日の食べもののおかげと思っています。

さて、おかずを温めましたら、おいしく見えるように器に盛り合わせ、おぼんにのせて主人の部屋まで運びます。いつの日からか自然と、お昼ごはんは別々に食べるようになりました。人に話すと驚かれることもありますけれども、一日中べったりではお互いに疲れますので、ちょうどいい距離感です。

主人の机の上に運んだある日のランチです。残りもののおかずは、味を変えたりのアレンジをすることもなく、おいしく見えるように盛りつけて出しています。時々は冷蔵庫の中身やその日の気分と相談して、うどんなどの麺類にしたり、炒飯を作ったりすることも。お昼は軽めで、サッと食べられるものがいいなと思います。

一日の終わりの家事

晩ごはんが終わりましたら、よしっとスイッチを入れまして、再び家事モードに。残りものを容器に移し、食器を洗って拭いて、シンクを洗い、コンロ周りの汚れも拭き取ります。表に出ているものをパッパとしまってリセットをして、締めにするのはふきんの手洗いです。固形石けんがよく落ちますので、ゴシゴシとこすりつけながら洗っていると、気持ちもすっきりしていきます。ぎゅっと絞って干したら、キッチンは終了です。

その後は、洗濯機をまわしながらお風呂に入ります。出るときにはついでに浴室を掃除して、パジャマを着たら、洗い終えた洗濯物を部屋のなかに干していきます。一日の仕事がすべてが終わるのは、だいたい21時頃。ここから寝るまでは、抱えている家事がなくなったという解放感で、ほんとうにくつろげる時間をすごします。お友だちと長電話をしたり、書き物をしたり、本を読んだりしながら気持ちを休めて、22時から23時までには眠りにつきます。

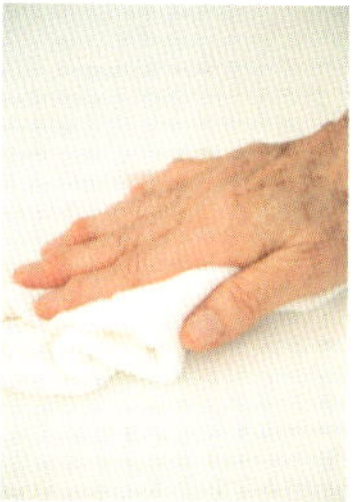

晩ごはんの後片づけのときに、シンクやコンロ周りも拭き掃除。一日の終わりにキッチンをきれいにして、明日の家事に備えます。ちょこちょこ拭いておけば、ひどい汚れはたまりません。

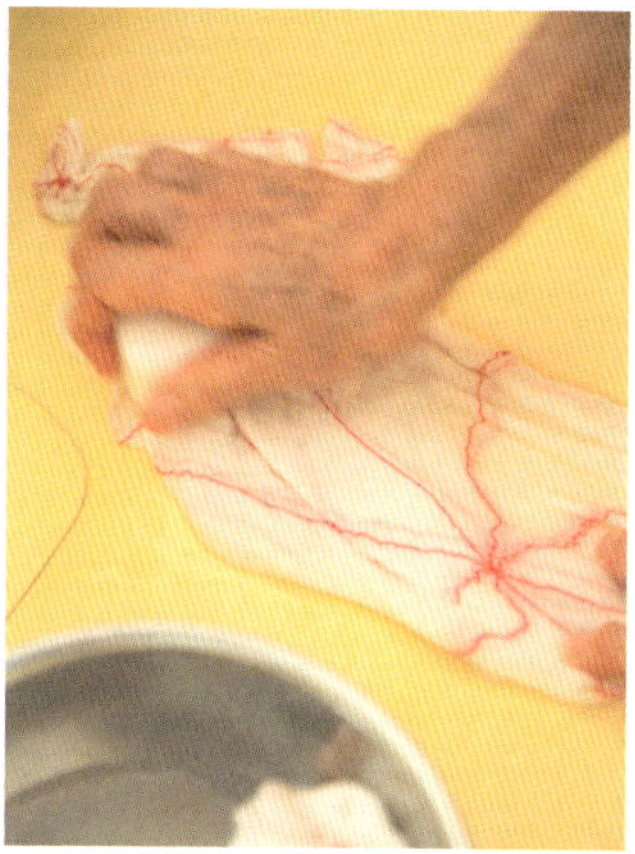

その日使ったふきんは、毎晩手洗いをしています。汚れ落ちのいい固形石けんでゴシゴシこするのが気持ちいい。ふきんは蚊帳の素材が汚れもよくからめとりますし、やわらかくて絞りやすく、愛用しています。

キッチンのすみに置いてあるラックに、絞ったふきんを干して、本日のキッチン仕事は終了です。ふきんはくたびれてきたら、窓掃除などの雑巾にお役目を変えて使い切ります。

何もないキッチンだとやる気になれる

掃除や片づけでまず優先にしているのは「見え方」です。人それぞれに好みがあるかと思いますが、私の場合は生活感があったり、見えている情報量が多かったりすると、落ち着きません。とくにキッチンは一日3度も食事の支度をする仕事場ですので、自分が元気な気持ちで向き合える状態に、いつもしておきたいと思うのです。

実際の使い勝手も、ものがたくさん出ているのと、出ていないのとでは、ぜんぜん違います。料理をしているときは、菜箸を使って、調味料を出して、冷蔵庫から材料を出して……と、いろんなものが調理台の上にのせられていきますが、そうして見た目がごちゃごちゃしますと、探し物が多くなります。料理はだいたい一度に何品も同時進行しますから、パッと使いたい道具を「あれ、どこかしら」といちいち探すのはちょっぴりイライラとしますでしょう。混雑した調理台の上から探すより、いつもの引き出しにしまっておいたほうが、身体が自然に動いてストレスなく手に取れますので、たとえまた使う道具だとしても、料理と料理の合間に片づけてしまいます。

調理台の上も、料理の合間に何十回と拭いています。そうやって、洗い物をしたり、ものを戻したり、台を拭いている間に、頭のなかでは「つぎは何をしたらいいかしら」と段取りを考えますので、いちいち片づけることはムダではないのです。私はキッチンの洗いかごは、あえて小さなサイズを使っています。洗い終えた食器や道具を洗いかごに放置せず、すぐに拭いてすっきりしたいからです。こまめに片づけていますと、料理の最後に洗い物が山盛り……なんてうんざりすることにはなりません。食事が終われば、また新たな洗い物が出ますので、たとえ食べる時間が5分遅くなったとしても、食事の前には鍋もざるもボウルも、すべて片づけてから食卓についています。

シンクに洗い物がたまっていると家族は使った食器をそのまま下げていきますけれども、何もない状態のときには、家族は自分で洗っていきます。私自身も何も出ていないキッチンだと、俄然、料理のやる気が出ますし、料理もそのほうがおいしく作れる気がします。

四季の恵みをたのしむ暮らし

私たちが住む葉山には海もあれば山もあり、自然の恩恵にあずかりながら暮らしています。8年前から家の近くに畑を借りることもできまして、春夏秋冬、わが家の食卓には、主人が畑で育てた旬の野菜が並ぶように。採れたての野菜はとてもみずみずしく、おいしさがつまっていて、素材を活かす料理を心がけるようになりました。春には山菜、秋にはしその実なども自生し、佃煮や醤油漬けなど

にしてたのしんでいます。主人は年に数回、ちょっと遠出をしてたけのこ掘りやきのこ狩りにも出かけているので、わが家の保存食は豊かに貯えられていきます。

冬の寒さが一段落すると、海からの贈り物も味わえるように。主人は散歩の途中でわかめや天草を拾ったり、潮干狩りに出かけたり、お仲間たちと船を出して毎月のように釣りをしています。

その土地で採れた季節の食べものを食べるのが、身体にとっては自然なことですし、喜びを感じています。

季節のお料理カレンダー

一月

お雑煮
七草がゆ

二月

味噌づくり

三月

ぼた餅
草餅
ふき味噌

わが家のお雑煮は関東風。私の実家で食べていたもので、かつおだしに醤油、みりん、酒で味つけ。四角い焼き餅を入れます。

1月7日は無病息災を願って七草がゆに。せり、なずな、ごぎょう、はこべら、ほとけのざ、すずな、すずしろから、手に入るものを。

味噌は寒仕込みがおいしいので、だいたい2月頃に造ります。1年たつと熟成して、「手前味噌」という言葉が納得のおいしさに。

夫の収穫

わかめ、ひじき、
潮干狩り

四月

寒天づくり
山菜料理
きゃらぶき
たけのこ料理

五月

らっきょう漬け

六月

梅干し
梅味噌
しそジュース

寒天の原料である天草。日中はお日様にあて、夜は水につけるという作業を、一週間ほど繰り返して、赤紫の色を抜いていきます。

春になると近所ではふきのとうを皮切りに、せり、野ぶき、のびる、よもぎ、などの山菜が採れます。天ぷらにしたり、佃煮にしたり。

庭に梅の木があったので、毎年6月には梅仕事をするように。青い実は梅味噌や梅シロップに。熟したものは梅干しに使います。

天草、つわぶき、
せり、つくし、
たけのこ掘り

うに、きす、
あじ、めばる、
小えび、小魚

長野で主人が採ってきたもの。
右から根曲がりだけ、ぜんまい、
こしあぶらです。

お正月のお節は冷たいままの料理が多いので、だしの香りがきいたお雑煮がホッとします。

七月

根曲がりだけの
水煮
ドライトマト
バジルソース

毎年、主人が長野まで掘りに行く根曲がりだけ。いつでも食べられるように一気に下ゆでをし、瓶に密閉保存します。

ぐんぐん育つバジルを使って、バジルペーストに。瓶に保存しておけばパスタ、カルパッチョ、サラダや肉の味つけにも。

八月

かき氷

夏休みのおやつの定番は、かき氷。家にあるフルーツを砂糖で煮てソースにします。このときは、いただきものの山桃を使いました。

夫の収穫

根曲がりだけ、
山菜採り、大さば
さざえ、
とこぶし、たこ

九月

おはぎ
月見団子

十月

干しきのこ
栗の渋皮煮

十一月

干し野菜

十二月

お節料理

主人が釣ってくる相模湾の海の幸が、わが家の食卓に旬を運びます。この日はいなだが釣れました。新鮮なうちにさばいていきます。

秋のお彼岸のおはぎは、気がむいたときに作ります。もち米1合をつぶして、6個分のおはぎが完成。あんこは自家製のつぶあんです。

秋から冬にかけて乾燥する季節は、干し野菜や干しきのこ作りにぴったり。旬のきのこを2～3日天日に干してカラカラにし、瓶で保存。

いなだ、そうだ、
さば、あじ

山芋掘り、秋さば、
あまだい、いとより、
かわはぎ

はぜ

山桃のソースでかき氷。自家製ソースだから、たっぷりかけても安心。素朴なおいしさです。

主人が釣ってきたあじを三枚おろしに。新鮮なうちにお刺身で食べて、残りは冷凍します。

第二章

料理をたのしくするために

料理の段取りの一歩は、買い物から

ごはんの支度で手間取りがちなのは、料理そのものよりも、買い物に行ったり、献立を決めたりの準備かもしれません。買い物の時間がとれない日もありますし、毎日ともなれば献立が思い浮かばないという悩みも出てきます。夕方はただでさえ忙しいですから、準備の段階で気持ちが疲れてしまわないように、買い物も献立決定も、先取り仕事で終わらせています。そうすれば、キッチンに立つときには「あとは作るだけ」の状態で、たのしく料理に向き合えます。

とはいえ、事前の準備を計画的にキッチリとすませているわけではありません。週に一度の「まとめ買い」を基本にしながら「あるもので作る」という気楽な心構えで、日々の支度をまわしています。わが家では、土曜日の午前中にまとめ買いをするのが長年の習慣。買い出しの時点では何を作るかまで考えずに、玉ねぎ、にんじん、きゃべつなど、いつもの決まった野菜をポンポンとかごに入れていきます。家に帰ったら腰が落ち着かないうちに、冷蔵庫の整理や下ごしらえを、1時間ぐらいはしていますでしょうか。買ってきた野菜を洗ったり、酢漬けや塩もみにしたり、残っていた根菜で常備菜を作ったり。この買い物から下ごしらえまでは毎週のことですから、頭は使わずに同じような内容を流れ作業でササッとすませます。あとは、週の途中で食材が少なくなったら買い足すこともありますし、お肉やお魚は食べたい当日に近所で買っています。

献立を決めるのは、たいていその日の朝。冷蔵庫の中身と相談しながら煮物、サラダ、汁物など、あるもので作れる料理を考えて献立を組み、朝のうちに1~2品を作ってしまいます。すると夜の支度がとてもラクになるのですが、こうして朝に作り置きができるのも、家に材料が揃っていてこそ。

そもそも私が子育てをしていた頃は近所にスーパーがなくて、まとめ買いをするしか方法がありませんでした。つぎの週までなるべく材料を持たせようと冷蔵庫へしまっていた習慣が、今も続いているだけなのです。毎日買い物に行くことで店先で献立が浮かぶ人もいれば、ある程度献立を決めてから買い物に行きたい人もいらっしゃるでしょう。買い物パターンは、その人に向いている方法、生活に無理のない流れで見つけていくのがいいと思います。

いつもあると便利な食材

野菜のほかに買い置きするのは、しらす干し、こんにゃく、油揚げ、ちくわなどの加工品。和え物、煮物、炒め物などに加えると、ボリュームやコクを出してくれる便利な食材です。しらすは3時間〜半日ほど庭や室内に干し、水分をとばしてから冷凍すると、バラバラに凍結して使う分だけ取り出せるようになります。

根菜は日持ちがしますから、大きなかごにひとまとめにして、たくさん常備。通気性のいい紙袋で仕切りをし、上から見たときに在庫がひと目でわかるように並べています。

「使い切る」ために便利なのは、ひとつの食材で作るレシピ

食材のまとめ買いをしていると、ついうっかり悪くしてしまう……なんて失敗も過去にはありました。心を痛めながらいろいろな工夫を身につけて、今ではちゃんと使い切れるように。たとえば、残っている食材を見つけたとき、ほかの食材と合わせて料理しようとすると、材料を揃える手間や、調理の工程のハードルが上がります。その食材だけで作れるレシピでサッと料理をするほうが、簡単で無理がないと気がつきました。じゃがいもだったらほかに具がなくてもポテトサラダにしちゃったり、きのこならスープにしたり、バターソテーにしたり。根菜などは素揚げして塩をふれば、たいていおいしくなります。ひとつの野菜で作るシンプルな料理は、野菜そのものの素材の風味がしっかり味わえるのもうれしいところ。10分ぐらいで作れるレパートリーをたくさん増やしていくと、食材も使い切れて副菜で献立が豊かになり、一石二鳥です。

〈　1つのストック食材で作るレシピ　〉

れんこんもち

◉材料(作りやすい分量)
れんこん…1節(約250g)
塩、黒いりごま…各適量
揚げ油…適量

◉作り方
1　れんこんはたわしなどでよく洗い、皮つきのまますりおろす(写真左)。
2　ざるにあげ、軽く水気をきる(写真右)。
3　塩とごまを加えてまぜる。
4　つくねのように丸め、170度ぐらいの少し多めの油できつね色になるまで焼く。

point
でんぷんの作用で、つなぎを使わなくても簡単に丸められます。ざるにあげたとき、れんこんから出た水分は、栄養があるのではちみつを入れて飲めば喉の痛みに効くし、お味噌汁に入れたりもしています。れんこんは、節の部分でカットしているものを選ぶと、中が黒くなりにくくて長持ちです。

ごぼうの素揚げ

◉材料(作りやすい分量)
ごぼう…1本
米粉(または片栗粉)…適量
揚げ油…適量

◉作り方
1　ごぼうはたわし(または丸めたアルミホイル)でよく洗い、皮つきのまま3分ほどゆでる。
2　湯をきり、粗熱がとれたら麺棒などでたたき、手で縦に裂く(写真左)。
3　食べやすい長さに切って、米粉をまぶし、170度ぐらいの油でカラリと揚げる(写真右)。好みで塩(分量外)をふる。

白菜の甘酢漬け

◉材料(作りやすい分量)

白菜…1/4(約400g)
しょうが…1かけ
赤唐辛子…大2本
塩…大さじ1
サラダ油…大さじ4
A　酢…大さじ4
　砂糖…大さじ3
　塩…小さじ1

◉作り方

1　白菜は白い部分と葉に分け、細切りにして(白い部分はタテに)、塩をふり水分が出るまで置く。
2　しょうがは千切りにする。赤唐辛子はお湯に浸して柔らかくしてから種をとり、千切りにする。
3　ボウルにAを入れてよくまぜ、水気をしぼった1と2を加えて和える。
4　サラダ油を高温で熱し、3にかけ、すぐに蓋をする(湯気がもれないぐらいにしっかりと)。

こんにゃく
かつお節和え

◉材料(4人分)

こんにゃく…1枚
醤油…大さじ2
酒…大さじ1
かつおの削り節…4～5g

◉作り方

1　こんにゃくはひと口大のそぎ切りにし、フライパンでから炒りして水分をとばす。
2　酒、醤油を加えてからめながら炒める。水分がなくなってきたら、削り節を加えてまぜる。

食材ロスを出さない、冷蔵庫へのしまい方

結婚して間もなくの頃、友人からアメリカ製の大きな冷蔵庫を譲り受けました。右の扉を開けると冷蔵庫、左の扉を開けると冷凍庫になっている広々とした庫内のつくりが、まとめ買いをするわが家にはとても使いやすくて、その後の買い替えでもずっとアメリカ製を選んでいます。かれこれ40年のうちに、現在のもので4台目になりました(わが家は違う場所で買いましたが、コストコにも同じタイプの冷蔵庫が売られていたようです)。

大きな冷蔵庫はたくさんの食材が入っていいのですが、そのぶん、しまい方には工夫がいります。見えない場所に食材が隠れると存在を忘れてしまいますし、奥のものが取り出しにくいと料理に使うのが面倒に。せっかくの食材をムダにはしたくありませんから、どこに何があるのかがひと目でわかるよう「見渡せる並べ方」にすること、トレーなどを使って「出しやすくしまう」ことを心がけています。

冷蔵庫に保存するものは、先にひと手間をかけて使いやすくしておくのが、食材を使い切るための秘訣です。〈左〉主人が釣ってきたたくさんの魚は下味を漬けて、あとは焼けばいいだけの状態に。〈右〉食べきれない分も一緒におろして、1枚ずつシートでくるみながら小分け冷凍します。

また、先にひと手間かかったとしても、あとでラクをしたほうがうれしいので、とくに冷凍するものなどは小分けにして、使いやすく保存します。

冷蔵庫の整理や掃除は「ついで仕事」ですませています。中身の見直しや整理をするのは、週2回のゴミ出しの前と、週末の買い出しのタイミングです。早く使わなくちゃという食材をチェックし、保存容器に入れた作り置き、残りものなども蓋を開けて確認。たとえばポテトサラダが残っていたらレタスとまぜたり、青椒肉絲が残っていたら長ねぎを足して味を変えたり、あるものを足して気分を変えながらその日の一品に加えます。

掃除をするのは、扉を開けて汚れに気がついたときです。食材を出したついでにサッと拭くか、外せる部品は水洗いします。その場所だけをキレイにするぶんには、1カ所5分もかかりません。曜日を決めて全体を一気に掃除するとなるとハードルが高いですし、扉も開けっ放しになりますから、気がついた場所だけをちょこちょこと掃除するのが、私には気がラクなのです。

冷蔵庫がきれいに整っていると、頭のなかも気持ちもスッキリして、気分良く料理に向き合えます。

わが家の冷蔵庫

公開！

冷蔵庫にはさまざまなものが入りますから、すぐ探せるように、しっかりジャンル分けをして、それぞれに指定席をつくります。

右側の扉のドアポケットには、おもに立ててしまうボトルタイプのものなど収納しています。①乾燥を防ぐためのカバーがついた最上段は、バターとチーズの置き場所に。②この段のサイズにちょうどいい瓶ものを並べています。中身は自家製のピクルスやごまだしなど。冷蔵庫本体のなかにも瓶ものを保存している場所がありますが(P60の①を参照)、目の高さが同じで一度に見られるから、「あれはどっちにしまったかしら？」と迷子になることはありません。③④マヨネーズ、ソースなど調味料を立てています。⑤牛乳、麦茶など背の高い飲み物を。⑥主人が毎晩飲むビールなどはここ。減ったらすぐに補充して、いつでもこのくらいの本数は冷やしておきます。

向かって右の棚が冷蔵庫、左が冷凍庫です。①白い棚の上は、自家製のたれや保存食を入れた瓶を並べています。棚の下は、買い物してきたものをとりあえず入れておく場所。②残りものを入れた保存容器はここへ。忘れないように、よく見える目線の高さを指定席にしました。③洗ったレタス、油抜きしてカットした油揚げなど、料理の素材を置く場所です。④お肉やハムなどを入れるチルドルーム。⑤⑥野菜室です。⑦ここから冷凍庫。その時々に保存するものが入れ替わりますが、この日は手前に干物と、奥には主人が釣りに行くときに使う冷凍のお水を置いています。⑧ベーコンの切り落としなど。⑨しらす、ひじき、わかめなど、よく使う食材の冷凍ストックです。⑩冷凍ごはんのストック。⑪お肉を入れています。

冷蔵庫

容器の工夫

指定席を決めたら、
容器の使い方で空間を有効に。

①

自家製のたれなどを保存するのは空き瓶です。空間をムダなく使うため、容器の中にひとまとめにして、白い棚の上に置いています。一気に取り出せるところも使いやすいのです。

③

常備している長ねぎは長方形、レタスは正方形のちょうどいい容器を見つけました。中身をきらしているときでも、空の容器を冷蔵庫に置いておきます(そうでないと家族に場所を使われてしまうので)。

冷凍庫

小分け保存

冷凍ストックは、
使いやすさを考えて保存。

⑨

ひじき、わかめ、しらすなどたくさん手に入った食材も、解凍するときのことを考えて一回分ずつを保存袋に入れて冷凍します。容器に立てておくと後ろの分も見渡せて残量がわかりやすくなります。

⑩

ごはんのストックは、おにぎりの形で冷凍。そのままグリルで焼けば焼きおにぎりになるし、レンジで解凍してからくずしてもOKです。まずはバットに並べて冷凍してから、保存袋に移します。

あるもので作る発想の練習

冷蔵庫を開けて「ここにある材料で何が作れるかしら」と考えるのは、私にとってたのしい時間です。家庭料理はわが家だけの自由なものですから、「こうでなくちゃ」と思い込まずにアレンジしています。

たとえば酢豚を作りたいとして、家に豚のかたまり肉が買い置きしてあることはそうそうありませんので「あるもので代用できないかしら」と考えてみます。豚バラ肉の薄切りを巻いて使ったり、鶏肉を使ったり、お肉ではなく厚揚げで作ることもあります。お肉とはまた違う味で、違う料理のようになりますが、それはそれでわが家の今日の正解です。家庭料理は一品で出すものではなくて、ほかのおかずとの組み合わせで考えるもの。献立全体で味つけやボリュームのバランスがとれていればヨシと思っています。

調味料も、雑誌のレシピに書いてあるスパイスが家になかったとしても、「入れなければ、入れないなりのお味になるわ」と気にしません(笑)。オイスターソースのように味のベースにかかわる調味料を切らしている場合には、発酵調味料である醤油や、いろいろな材料が入って複雑さが出せるウスターソースを代わりに使ってみます。

あれこれ試しているうちに、自分でいい代用アイデアをあみ出したときには、とてもうれしい気持ちになります。食材や調味料は買っている限り、つぎも買わなくてはいけませんが、身につけた工夫はこの先ずっと繰り返して使えるもの。ひとつうまくいくと幸せを感じて、発想はどんどん広がっていきますから、最初のうちは多少の失敗してもやってみるほうがおもしろいと思います。

先日も、ひとつ発見をしたところです。切り干し大根を作っていたのですが、冷蔵庫のセロリの葉っぱがやや茶色く、そろそろ傷みそうなのを思い出しました。どうしても使ってしまいたくて、千切りにして、切り干し大根と和えてみたら思いのほかおいしい仕上がりに。セロリの苦味と食感がいいアクセントになるのですが、ほかには生のピーマンでもそれに近いおいしさが味わえました。「食材をムダにしたくない、使い切りたい」という切なる気持ちが、新しいメニューにつながることもあるのです。

◎かたまり肉がないとき

〈代用〉薄切り肉に片栗粉をまぶす

←

◎豚肉がないとき

〈代用〉厚揚げ

←

〈代用〉鶏肉

←

酢豚

〈豚の薄切り肉で代用するとき〉

◉材料(4人分)
豚肉(薄切り)…300g
にんじん…1本
玉ねぎ…大1個
ピーマン…3～4個
たけのこ(水煮)、しいたけ…各適量
塩、こしょう、片栗粉、サラダ油、ごま油…各適量

A 醤油、酒…各大さじ1
しょうがのすりおろし…小さじ1

B 酢…大さじ5
醤油、砂糖…各大さじ3
ケチャップ…大さじ2
酒…大さじ1
水…50ml

◉作り方

1 豚肉はAで下味をつける。野菜はすべてひと口大に切る。

2 鍋に湯を沸かし、にんじん、玉ねぎ、ピーマンの順にゆで、湯をきる。

3 豚肉を丸め、片栗粉をつける。フライパンに油をしき、両面を焼いて、いったん取り出す。

4 フライパンにBを入れて煮立て、すべての野菜を加えてまぜる。豚肉を戻し入れてさっとまぜて火を通す。塩、こしょうで味を調え、香りづけにごま油を少々まわしかける。

〈豚肉を厚揚げで代用するとき〉
油抜きした厚揚げを大きめにそぎ切りし、フライパンで両面をこんがり焼いてから、4の野菜と同じタイミングでフライパンに加える。

〈豚肉を鶏肉で代用するとき〉
鶏もも肉1枚(250～300g)をひと口大に切り、Aの下味をつけ、片栗粉をまぶす。あとは豚肉の場合と同様に。

酢豚用のかたまり肉がなくても、薄切り肉や鶏肉で代用すれば、また違うおいしさがたのしめます。薄切り肉は豚バラを使うと、火を通しすぎても固くなる心配がありません。お肉の代わりに厚揚げを使うと、簡単でヘルシーに。

二段階に分けて作ればコロッケも面倒じゃない

コロッケは家族が喜ぶ料理ですが、じゃがいもを蒸してから油で揚げるまで工程が多く、なかなかのひと仕事。そこで朝のうちに、途中まで仕込んでおくようになりました。じゃがいもが完全に冷める前に形を丸めたほうがいいので、衣をつける前の段階まで進めておくか、衣をつけるまで終わらせてしまいます。もし朝のうちに時間がそこまでとれない場合は、玉ねぎと挽き肉を炒めておくだけでも、あとがラクです。夕方になって一から作るのは面倒でも、「途中まで進めてある」と思えば、その続きと思ってがんばる気持ちがわいてきます。

じつは私、天ぷらととんかつはプロが作るのが断然おいしいと思っていますから、家ではあまり作りません。でも、コロッケは失敗がないですし、冷めてもおいしいところがいいのです。わが家では多めに作っておき、残ったぶんで翌日にコロッケサンドを作るのが定番のおたのしみ。パンにはさんだコロッケをギュッとつぶしながら食べるのが、また格別なのです。

コロッケ　第一段階

一気に作ると時間がかかるコロッケは、
朝のうちに途中まで仕込んでおくと、ラクな気持ちで作れます。
第一段階では、衣をつける前まで進めておきましょう
(時間があれば、衣をつけてしまってもOK)。

◉材料(4人分)
じゃがいも…中5個
玉ねぎ…中1個
合い挽き肉…200g
パン粉、小麦粉、塩、こしょう、
揚げ油…適量

※味つけのアレンジ
生クリーム…1/2カップ
（クリームコロッケ風にする場合）
カレー粉…適量(カレーコロッケにする場合)

1

じゃがいもは蒸す。

2
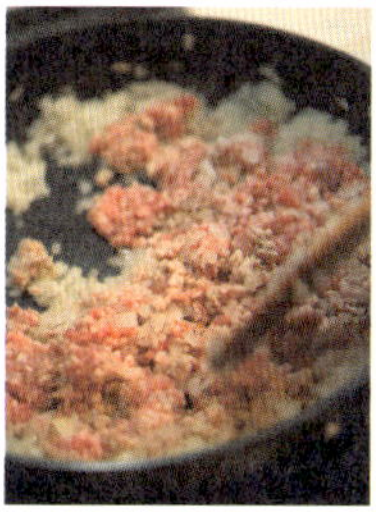
玉ねぎはみじん切りにして肉と一緒に炒め、塩、こしょうで味を調える

3

1のじゃがいもは皮をむき、つぶす。

4

2と3をまぜあわせ、さます。

クリームコロッケ風にしたい場合、生クリームを加えてよくまぜる。

カレーコロッケにする場合、カレー粉を加えてよくまぜる。

5

粗熱がとれたら、好みの大きさに丸める。

6

この状態で
冷蔵庫へ

冷蔵庫で寝かせる。

コロッケ　第二段階

丸めるところまで進んでいるから、
第二段階の支度では、衣をつけて揚げるだけ。
氷水にはなしてパリッとさせたきゃべつを添えて
揚げたての熱々をいただきます。

7

小麦粉、溶き卵、パン粉の順に衣をつける。

8

油で揚げる。

みんなで作るとたのしい料理

子どもたちがまだ小さかった頃は、幼稚園が一緒のお母さんたちと仲良くなり、お互いの家を親子で行き来していました。いわゆるママ友だちです。みんな主婦でしたから、家に帰ると晩ごはんの支度が待っています。それならばと、とくに仲良しだった裏のお家のお友だちとは、時々晩ごはんのおかずを一緒に仕込むように。

作るのは、餃子やコロッケなど、ひたすら包んだり丸めたりするメニューです。子ども同士が遊んでいる間に、ママたちはおしゃべりに花を咲かせつつ、せっせと手を動かしました。たのしいうえに、ごはんの支度も途中まで終わるのですから、とてもいい遊び方だったと今でもなつかしく思い出します。一緒に作っていると、「そんな風に包むの?」なんて、よそのお家のお料理の仕方がわかるのもおもしろいものでした。

大晦日にはもうひとりのママ友だちもお誘いして、お正月のお節料理を分担していたことも。小さな子どもたちを育てていた頃ですから、ひとりで何品も作ってお重をうめるのはなかなかたいへんです。でも、３人がそれぞれ3品作れば、９品の料理が揃います。やはり、ほかのご家庭のお節料理の味を知るいい機会になりましたし、お正月のテーブルがみんなの料理で充実するのは、なんとも言えない幸せな時間でした。

最近ですと、娘とお嫁さんと私の３人で餃子を包んでいます。ひとりだと長く感じる時間も、誰かと一緒ならあっという間です。

餃子

◉材料（4人分）

餃子の皮…24枚
豚挽き肉…250g
きゃべつ（または白菜）…1/4個
にら…1束
長ねぎ…1/2本
にんにく、しょうが…各1かけ
酒、味噌…各大さじ1
塩、こしょう、サラダ油、ごま油…適量

◉作り方

1　きゃべつはみじん切りにして、塩小さじ1をふり、10分ほど置いて水気をしぼる。
2　にら、長ねぎもみじん切りにする。にんにく、しょうがはすりおろす。
3　ボウルに挽き肉、酒を入れ、ねばりが出るまでよくまぜる。1、2、味噌、塩、こしょうを加え、さらによくまぜる。
4　餃子の皮に、3のたねを適量のせて包む。
5　フライパンにサラダ油を熱し、餃子を並べて底に焼き色をつける。餃子の半分の高さまで水をそそぎ、蓋をして蒸し焼きにする。
6　水分がなくなってきたら蓋を取り、鍋肌からごま油をまわしかけ、パチパチと音がするまでこんがりと焼く。

第三章

マイパターンをもつ

私の基準

今から20年ぐらい前のこと。器を買いに行った鎌倉の「もやい工藝」で、山葡萄で編まれたかごのバッグに出会いました。自然素材や手仕事のものが好きでしたので、その丁寧なつくりがひと目で気に入ったのです。思い切った買い物でしたが、使いはじめてみたら軽くてとても持ちやすく、A4サイズの書類も入りますし、食パン一斤もころっと入ってしまう形は勝手がいいものでした。なにより、私が着ている綿やリネンのお洋服にとても似合いました。

それからは、サイズ違い、編み方違いなどをひとつずつ買い足して、バッグはいつもかごを持つように。買ったばかりの頃は少しギシギシするのですが、何年かすれば革みたいにやわらかくなって、風合いもあめ色に落ち着いていきます。使うほどに味わいが深くなるのは、とてもうれしいものです。大雑把に扱っているので、持ち手がとれたり、底が割れたりもありましたが、修理に出して直してもらいました。お値段がちょっと高くても、こうしてずっと使えるのですから、いい買い物をしたと今では思っています。いつかは子どもや孫にも使ってもらえるかもしれません。

私はブランドもののバッグも、華やかな宝石も、買ったことがありません。そういったものの素材やデザインに興味がわかないのと、人と同じものを持つのはつまらないと思うところがあるからです。世のなかでの価値に関わらず、自分が気に入ったものを身につけるのが幸せです。

アクセサリーも、惹かれるのはやはり手仕事が感じられるものです。服装がシンプルなぶん、アクセサリーは存在感があるものをひとつだけ、つけるのが好きです。気に入って集めているのは「ジョージ ジェンセン」のシルバージュエリー。鳥や果物などのモチーフを美しい細工で仕上げているところに、美術品のような趣を感じます。ワンピースを着たときなど、このブローチをポンとつけるとアクセントになります。そのほかには木工作家の方が1本の木からくり抜いて作ったネックレスや、アンティークの生地を使ったペンダントなど、手に取った瞬間に思わずため息をついてしまった一点物を愛用しています。心を込めて作られたものを、大切に使うことに喜びを感じます。

結局はいつも決まったアクセサリーしかつけないので、お気に入りだけを見やすく、しまいやすく、お菓子の箱にまとめています(これは「とらや」の空き箱です)。

かごバッグは大小4つぐらい持っていて、日常使いにも、お出かけ用にも活躍させています。リビングの棚の上が指定席。手仕事のものは、並んでいる光景も絵になります。

普段着のパターン

お洋服の趣味は10代の頃からさほど変わらず、オーソドックスなスタイルやシンプルなデザインが好きです。流行を追うタイプではありませんでしたが、それでも30〜40代ぐらいまでは、新しい服が着たくて次々に買い物をしていました。自分自身がおしゃれに夢中だったのもありますし、まだまだ人の目も、気にしていたのでしょうね。せっかく買ったのに一度も袖を通さないまま……なんてもったいないことも。

たくさん失敗をしてきたおかげで、それをくぐり抜けてきた服だけが、今は手元に残っています。40代の終わりぐらいから普段着のパターンが決まり、同じような組み合わせの服ばかりを繰り返し着ています。50代後半にはお出かけの服にも定番を作ってしまいました。

毎日の普段着は、着心地が良くて、家で洗えるものがいいと思っています。だから素材は綿やリネンを選びます。ずっと家事をして動いていますし、座卓のわが家では一日に何度も立ったり座ったりを繰り返しますから、パンツを履くと膝が出るのがみっともなく思えて、家ではもっぱらスカートに。家事をジャマしない足さばきのいいスカートとなりますと、少しふわっとしたラインです。トップスにダボダボな服を合わせるのはだらしなく見えましたので、ぴったりしたシルエットを合わせたら、しっくりときました。

こうして私の普段着は、細身のカットソー+ロングスカートの組み合わせに落ち着きました。もう20年以上はこのスタイルが続いています。自然素材の服は長持ちするのか、スカートについては10年、20年と長くつき合っている服がたくさんあるのはうれしいことです。

朝起きると洗顔や洗髪をすませて、パジャマから服に着替えます。その日の気分でまずはスカートを選んでから、カットソーを合わせています。朝は忙しいので、着替えに時間はかけられませんけれども、こうしてパターンを決めておけば悩まずにサッと着替えができますし、素材からラインまでいろいろなチェックポイントをクリアした服なので、一日中、いい気分で着ていられます。制服のようでありながらも、色や柄、衿の形やスカートのシルエットなどはちょっとずつ違う。まったく同じではないところに着るたのしみもあって、私にはちょうどいい加減の決めごとです。この快適さを味わうようになってからは、人から見て同じ服ばかりだとしても、ぜんぜん気にならなくなりました。

年を重ねるごとに体型は変わっていきますし、時代によっておしゃれの感覚も変わりますでしょう。私が着ているのはなんてことのない服だからこそ、おさまりが悪く感じることがあったら、その都度、面倒がらずに手を入れています。スカートのウエストがゆるくなったらスナップをつけ替えたり、長い丈が重く感じられたら丈を詰めたり。全体のバランスやシルエットをすっきりと着こなしたいので、脇のお肉が段々にならないような下着を選ぶ気遣いもしています。最近は首元がちょっと痩せてしまい貧弱に見えるのがイヤで、衿のつまったトップスを買うことが多くなりました。もしくは、家のなかではネックの広い服を着ていても、外出するときだけ首元に巻きものをしてカバーしたり。私ももう70歳ですから、若い頃とは変わっていくことばかりですけれど、がっかりしていてもしょうがないので、それじゃあこうしましょうと、今の自分に合った着こなしを考えます。そうすればまた、おしゃれがたのしくなりますから。

〈右〉カットソーは「GAP」で、スカートは鎌倉の「テイクオフ」で8年ほど前に買いました。〈中〉バルーンのスカートは「CHICU+CHICU5/31」。靴は「カンペール」。〈左〉このTシャツも「GAP」。巻きスカートは「ホームスパン」です。

お出かけ服の定番

お出かけの日の服装は、ワンピースが定番です。寒い冬にはウールのスーツを選ぶことも。ジャケットとスカートのセットで、同じお店で買った生地やデザインがちょっとずつ違うものを、何着か揃えて着まわしています。

ワンピースもスーツもそれひとつで、パッと着られて、パッと出かけられるのがいいところです。お出かけの前って、家事を終わらせないと気が済みませんから、忙しくて着替える時間がほとんどありません。ただでさえ、私は重ね着やコーディネイトをするのが苦手なので、せっかく遊びに行った先で「今日の服装、なんか違うわ」とがっかりするのがイヤでした。

お値段などは関係なしに、「気に入った服」ってありますでしょう。あれこれ着ようとして失敗するぐらいならば、気に入った服ばかりを着ていればいいんだと思いました。お出かけの日はワンピースかスーツ。そう決めるようになって、簡単だけれど、自分が納得していられる服装にたどり着いたのです。

春から秋にかけては、ワンピース1枚をパッと着ていくのが、お出かけの日の定番。肌寒いときには巻きもので調整します。靴はヒールのないものばかりです。

灰染めの色味が素敵なワンピースは、「INDUBITABLY（インドゥビタブリー）」のもの。サンダルは「テイクオフ」で買った20年選手。

形がおもしろいワンピースも「INDUBITABLY」で買いました。全身黒のコーディネイトにも、かごバッグを合わせると自分らしくて落ち着きます。

小さな頃から手作りが好き

編み針を持ったのは、小学4年生の頃。あやとりの紐をくさり編みにすることからはじめて、マフラーや靴下などの小物を編んでいたのを思い出します。もともと叔母が私にセーターを編んでくれていたので、その影響もあったのでしょう。編み物はどこでもできますから、大人になってからも趣味のひとつに。家事が終わって一段落をした静かな夜に、少しずつ編み進めて家族のセーターを仕上げていました。ふだんはいつも頭のなかで、つぎにすることの段取りを考えていますが、編み物をしているときだけは、頭のなかは空っぽ。無心で手を動かすのがいい気分転換になりますし、編み終えたときには達成感も味わえます。

セーターは毎日編んでも一か月はかかりますけれど、ミシン仕事には仕上がりがすぐに見えていくたのしさがあります。シーツやカーテン、洋服、バッグなど、いろいろなものをダーッと縫っては、完成を喜んでいました。手作りが好きなのは、世のなかにひとつだけのオリジナルが作れるからだと思います。

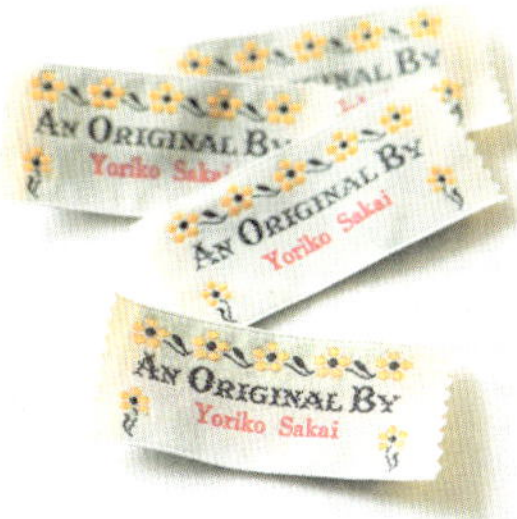

〈上〉編み針をしまう袋もお手製です。小物用のポケットをつけました。〈下右〉たくさん編み物をしていた頃は、オリジナルのタグまで作って遊んでいました。〈下左〉箱が好きで、ついつい手元に残しては、こうして裁縫箱などに。ちょうどよくおさまるとうれしくなります。

繰り返し作るもの

　ここ数年は、机いっぱいに材料を広げて洋裁をしたり、夜な夜なセーターを編んだりする機会は、あまりとれずにいました。手作りをするのは、もっぱらすきま時間を見つけてです。何度も作り慣れているもの、寸法も含めて作り方が頭に入っているものだと、はじめるまでのハードルも低くなりますし、あまり考えなくても手が動きますので、ほどよい気分転換になります。

　たとえば、編み物ならばかぎ針で「アクリルたわし」を、くるくるっと編みます。手の平サイズなのが気軽ですし、ひとつ仕上がるまでものの10分しかかかりません。毛糸1玉で4つぐらい編めてしまいますので、糸がなくなるまで編んでしまって、誰かにプレゼントすることも。こういうすきまの手作りは、短い時間で達成感が得られる簡単なものがいいですし、何個あってもうれしいような、実用的なものだとさらにやりがいがあります。その点、アクリルたわしは適役です。

縫い物ならば、孫娘たちが使う「ヘアバンド」をよく作ります。かわいい布を見つけては買っておき、時間を見つけてちょこちょこっと縫ってしまえば、こちらも10分でひとつ完成です。私はミシンを使いますが、手縫いでチクチクするのもミシンの準備がないぶんラクですね。孫娘たちが喜んでつけてくれると思うと、作るのもうれしくなります。

少しサイズは大きくなりますが、ふだん着用の「ロングスカート」も繰り返し作っているものです。83ページでお話ししましたように、普段着は気に入った形が何枚もあったほうがいいので、同じ型紙で作るのが好都合です。直線裁ちの型紙を見つけまして、自分用に寸法をアレンジしたのが保存版になっています。完成まで3時間ぐらいかかりますが、「今日は作る」と決めて一気に仕上げます。なんてことないスカートとはいえ、買えばそれなりにお値段がしますし、思い通りの形って、そうそう売っていません。でも、自分で作れば布も好きに探してこられますし、お値段も布代だけですんでしまいます。

手作りは、裁縫箱を出したり道具を出したり、腰をあげるまでが面倒なのですが、いざはじめてしまえばたのしくなって「やってよかった」と思います。

仕上がりのかわいらしさに、いろいろな布で作りたくなります。ゴムをつけるので、アバウトなサイズで作っても大丈夫。本体の幅の広さは太くしたり、細くしたり、その時々の気分や布の雰囲気に合わせて変えています。

ヘアバンド

◉材料

好きな布　約40×30cm(大人の場合)

ゴム　　　1cm幅約10cm

◉寸法表(単位：cm)

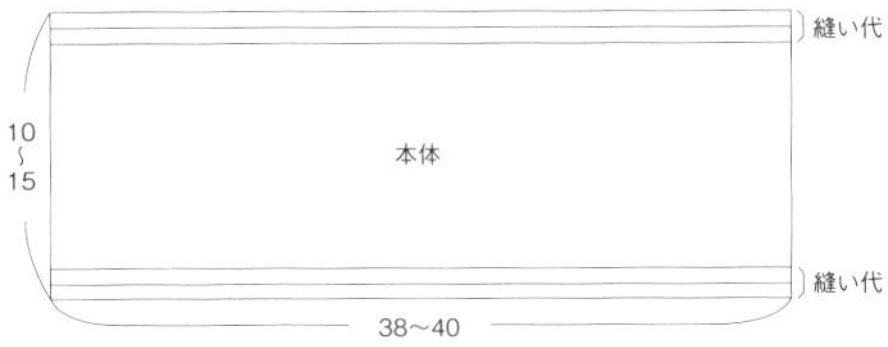

◉作り方

1　本体、ゴム部分を、それぞれ寸法通りに裁断する。

2　本体の長いほう両側は、それぞれ三つ折りにして縫う(縫い代0.5cm)。

3　ゴム部分は中表で縦半分に折り、裁ち端から1cmぐらいを縫って筒状にしたら、アイロンをかけて縫い代を割り、表に返す。

4　3の筒の中にゴムを通し、片方をマチ針で仮止めする(筒はふさがない)。

5　ゴムの長さに合わせてギャザーを寄せて、タックを寄せた本体を1cmほど筒の中に入れて縫う。そのときに、筒の両端をきれいに折り返しておく。反対側も同様に縫う。

3

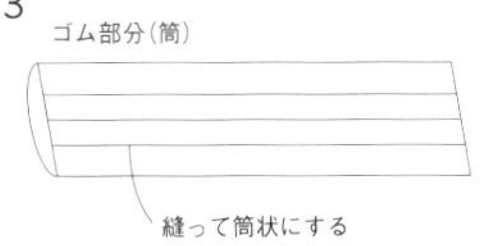

4

5

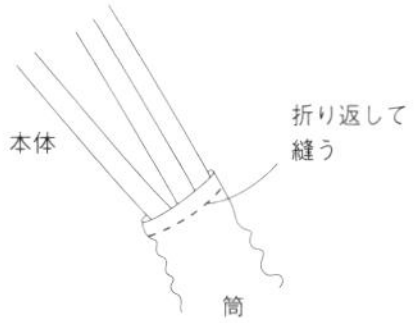

直線裁ちですが、サッと作れるように型紙を使っています。自分の体型や好みに合うように、サイズやラインを調整できるのが手作りのいいところ。私は腰回りをすっきりさせたくて、ヨークが少し短めです。

直線裁ちスカート

◉材料(仕上がり丈70cm・腰回り106cm)
好きな布　約150×150cm
ゴム　　　3〜4cm幅約60cm

◉寸法表(単位：cm)

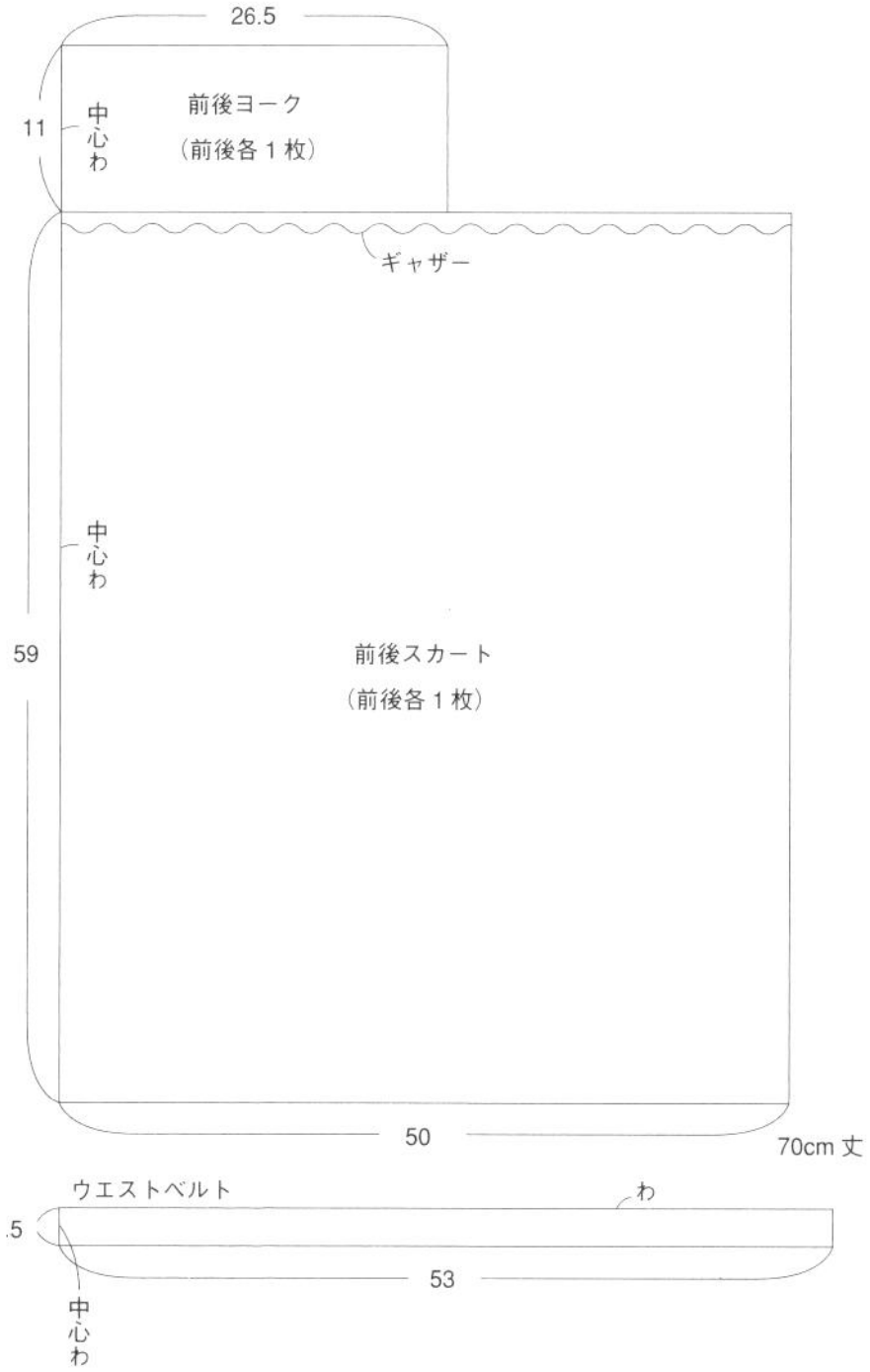

◉作り方
1　前後スカート、前後ヨーク、ウエストベルトをそれぞれ寸法通りに裁断する。
2　前後スカートはギャザーを寄せ、それぞれのヨークと縫い合わせる。ジグザグミシンをかけて始末する。
3　前後の脇を合わせて縫い、脇にジグザグミシンをかけ始末する。スカートの裾を三つ折り1cm程度に仕上げる。
4　ウエストベルトを付けゴムを通す。

テーブルが絵になる木のおぼん

一度、気に入ったものは、なかなか飽きることがありません。器も道具も20年以上のつき合いのものがたくさんありますし、同じようなタイプばかりを集めてしまいます。

30年ほど前に出会った「木のおぼん」（100ページ上の写真）は、毎日のように使っている愛用品のひとつ。岩手県の「三本木工芸」で作っているものです。私が買った当時と同じものを、今でも作り続けていらっしゃるようで、お値段もほとんど変わらないのがすごいと思います。年月を経て、最初は白木だったわが家のおぼんは、味わい深いあめ色に育ちました。朝ごはんやお昼ごはん、お茶の時間にもついつい手にとっています。以前までは、お食事やお茶のときには布のマットやテーブルクロスを敷いていましたが、汚れてしまうと気になりますし、洗濯やアイロンの手間が面倒でした。その点、木のおぼんはサッと拭けばいいのが便利ですし、テーブルに直に器を置くよりも、ひとり分をおぼんにセットして出したほうが片づけもラクなのです。

なによりも、おぼんにセットするとテーブルが絵になりますでしょう。いろいろな形、大きさを買い集めていますけれど、楕円の形は角がなくて器がのせやすく、いちばんさまになる気がします。もう少し小さくて丸い形のおぼんは茶托の感覚で、大きなカップをぽんとのせて使うことが多いです。小さいカップだとすぐに冷めてしまいますし、本来の茶托だとちょっぴり仰々しい気がして、丸いおぼんと大きなカップの組み合わせになりました。夜ごはんのときには、それぞれの席にフチのない木のマットを敷いています。銘々皿のほかに、大皿や中鉢が並びますので、おぼんよりもマットのほうがテーブルがすっきり見えます。こんな風にテーブルの風景を考えるのは、ほとんどが自己満足かもしれませんが、いい感じにまとまるとうれしくて、小さな達成感があります。

テーブルの真ん中にお菓子をお出しするときには、よくお重を使います。お客様がお見えになる前に、あらかじめお重にお菓子を並べて、蓋をしておくのです。お茶を入れたら、蓋を開ければお召し上がりいただけるので、おもてなしがスムーズに。見た目にも華やかなので、お客様にも好評です。

30年間愛用している木のおぼん。幅が45cmの大きめサイズですが、楕円の形でさまになるし、器をのせたまま持ち運びがしやすいところも気に入っています。お客様に和菓子をお出しするときは、おひとり分をここにセットして。

洋菓子とコーヒーのときにも、木のおぼんに漆の器、焼きもののカップなど、和の組み合わせでお出しするのが、自分らしい気がします。こちらのおぼんも「三本木工芸」のもので、幅34cmのやや小さめの楕円形です。

木目が美しい木の器は、「葉山 ギャラリー杢(もく)」で買ったもの。ちょっとした和菓子も、器の存在感で受け止めてくれます。お菓子に対して器が大きかったので、ハランを敷いて緑を足しながらバランスをとりました。

お重はお料理だけでなく、お菓子をつめるのにもぴったり。おいしそうに見せてくれるので、どんどん日常使いをしています。お客様がお見えになる前に、こうしてセットし、蓋を閉めてテーブルに準備しておきます。

見た目もかわいい、キッチンの働き者

昭和の時代には、どのご家庭にも「タッパーウェア」があったのではないかしら。当時は保存容器って、ほかにいいものがなかったのです。何気なく使っていましたが、ピシッと閉まる蓋が気持ち良く、丈夫で機能的なんだと今更ながらに感心しています。ほんとうは四角い容器のほうが収納したときにおさまりがいいのですが、タッパーウェアの丸い容器だけは別。湿気は角にたまるそうで、丸い形は海苔をしまうのに具合がいいのだと、以前に教わりました。わが家は海苔をたくさん食べますので、一帖ずつ使うサイズに切ってからこのタッパーウェアにしまっています。

「パイレックス」の冷蔵庫容器は、結婚祝いにいただきましたから、もう40年以上使っていることになります。ガラス製なのでにおい移りがなく、キムチなんかも気にせずに入れられます。色もかわいらしいので、そのままテーブルに出せるところも勝手がいいのです。

〈右〉グリーンのタッパーウェアは海苔をしまうときに、白いリング型はババロアを作るときに愛用。仕上がったババロアが簡単に外せるつくりです。〈左〉パイレックスの容器はかわいらしいので、お料理教室の生徒さんにも人気でした。

お直ししながら、時を重ねて

気に入ったものを長く使いたいのは、愛着が持てて幸せな気持ちになるからです。人づきあいと一緒で、時間を重ねるごとに、ものにまつわる思い出が増えていくのを感じます。日常のなかで使っていたら壊れてしまうのは避けられませんけれど、どうせお金を払うならば、新しいものを買うより、今までのものにお金をかけたいと思うのです。まずは自分で直せないかしらと考えて、無理そうでしたらなじみのお店に相談してみます。

わが家で使っているたんすやちゃぶ台は、私の両親亡きあと、実家を取り壊す際に運び出したもの。くたびれていましたけれど、お直しに出したら問題なく使えるようになりました。昔の職人さんが作ったものは、やっぱり質がいいのですね。ちょっと今の趣味とは違うなと思ったとしても、色を変えたり、リフォームしてもいいのです。どうしたら使い続けられるかしらと工夫をするのはおもしろいですし、身のまわりに自分らしいものが増えていく喜びがあります。

もとはくり抜きのおぼんでしたが、ふちが欠けてしまったので「葉山 ギャラリー杢」の親方に修理をお願いしたところ、すてきなお皿に生まれ変わりました。素材の欅が持つ良さを活かしてくださったそうです。

両親が使っていた行李を実家から運び出して、布の収納に使っていました。角が切れてしまい、西鎌倉の竹屋さんの「岡本」にご相談したら、革をあてて直してくださいました。

欠けた器は金継ぎに出していましたが、数年前、習いに出て自分でする簡易的な方法を覚えました。それまでは器が欠けるたびにがっかりしていましたが、自分で直せると思うと、少し気持ちがラクになります。

漆のお重は、母のおさがりです。もとは模様が描いてありましたが、私は無地がよかったので、上から漆を塗り替えました。たしか２万円ほどでしたが、朱色がきれいで、料理がますます映えるように。

私が高校時代に使っていたバスケットで、海に行くのもこれでした。蓋と本体の接続部分が壊れてしまっても、大好きだったから捨てられなくて。西鎌倉の「岡本」で蝶番をつけ替えてもらいました。今では収納に使っています。

私の祖母が93歳で亡くなるまで使ったちゃぶ台です。これを見ていますと、祖母がお食事をしていた様子が今でも思い浮かびます。100年以上前のものですが、塗り直したらきれいに。孫たちのお絵かき台などに使っています。

第四章

これまでの暮らし

仕事と私

　これまでの出来事を振り返ってみますと、人生は自分の計画通りにはいかないものだなあと、いい意味で感じます。もともと私はこうしたい、ああしたいとは、強く望まないほうかもしれません。今のお若い方々はいろんなお仕事に就いていて、輝いている方が多く、素敵だなと思います。私の場合は自分が何の仕事に就きたいかなんて、考えたことがありませんでした。ご縁に任せて動いていましたらいろんな経験ができまして、若い頃には想像もしていなかった仕事にたどり着きました。

　最初にがんばったのは、やはり主婦の仕事だと思います。結婚当初は料理の経験がまったくなかったものの、25歳で結婚して家庭に入ってからは、家事のおもしろさに目覚めました。もちろん、お勤めをしていたときにも真面目に働いていましたが、主婦の仕事は自分の裁量でいろんなことが決められるのがよかったのです。一日3度の食事の支度に、掃除、片づけ、洗濯と、子どもを育てながらの家事には終わりが見えなくても、そこをなんとか工夫して、早めにすませることができたなら、あとでラクできるのは自分自身。ママ友だちと親子で遊んだりする時間も増えますし、家のなかが整っていくと気持ちがいいので達成感があります。手を動かすことは好きでしたので、料理もどんどんたのしくなっていきました。

上の娘が幼稚園に通いはじめると、3歳だった息子を連れて料理教室にも習いに行きました。モダンなお料理をする先生からピザなども教えていただき、さっそくママ友だちとピザパーティーを開いたものです。子どもたちが小学校へあがり、自分の時間が少しとれるようになってからは、原田知津子さんのハウスキーピング教室にも通いました。原田さんは『すぐする すぐすむ 快速家事』(文化出版局)というご著書も出しておられて、合理的な家事の方法、整理整頓や収納のコツなどを、たくさん教えてくださいました。私自身、やるべきことは先にすませるのが好きなタイプでしたが、原田さんのお教室に通ってますます先取り仕事を心がけるようになったのです。

行動範囲が広がった30代後半、材料が手に入るというお友だちからのお誘いで、レース小物を作って販売するように。まるで趣味の延長のごとくはじまりましたが、ありがたいことに評判がよくて、みなさまに喜んでいただきました。デザインや使い勝手をあれこれ工夫して、時にはレースの生地を染めたりしながら作り上げた小物が、多くの方に買っていただけたのはとてもうれしかったです。10年ぶりぐらいで手にした自分で働いたお金は、家族ではじめての海外旅行に出かける際の費用にあてましたから、有意義だったと思います。

その後は、お誘いを受けて知り合いのハム屋さんのお手伝いをしました。注文のハムを週2回、お肉屋さんに配達する仕事です。車を使って数件まわるので、2〜3時間で終わってしまいますから、そのあとお友だちと買い物をしたり、ランチをしたりするのがたのしみでした。ほかにも、近所に建てていたマンションのモデルルームでの接客や、知り合いのガソリンスタンドでディスプレイをする仕事や、保険の調査員をしていたこともあります。保険の調査などは人に話すと「たいへんそう！」とびっくりされますが、好きな時間に訪問して、家を確認し、簡単な質問をしましたら、報告書を書いて郵送するだけの時間に縛られない仕事でした。

手元に残っていたレース小物です。お友だちが用意してくれた生地を材料に、デザインも自分たちで考えて、近くのお店に置いてもらいました。これは赤毛のアンをイメージしたもので、雑誌の撮影に使っていただきました。

娘がアメリカの高校へ留学し、息子も中学生になってだいぶ手が離れてきた頃。お友だちから「お料理を教えて」と言われまして、せっかくの機会だから「じゃあ、お試しで」と出稽古をはじめたのが、40代の半ばのことです。最初は自分が同年代の方々に教えることなんてないと思っていたのですが、主婦が教える、主婦のための家庭料理を、意外にみなさんがおもしろがってくださいまして、やがて自宅で料理教室を開くようになりました。ご近所で知り合ったお若いお母さんたちが集まり、原田知津子さんのご紹介で千葉や埼玉から習いにきてくれる方もいて、さまざまな年代の生徒さんが増えていきました。

その頃には息子も留学して夫婦ふたり暮らしになりましたので、いつの間にか私の生活は、料理教室というお仕事が中心になりました。トータルで15年以上は続きましたでしょうか。一時期は、地元のラジオ局の番組で短いですがお料理のコーナーを任せていただいたことも。自分でもおかしいのですが、経験がなかったり、思いも寄らないことだったりしても、目の前にその機会があらわれると、「やってみようかしら」と思うのです。

60代をすぎた頃、娘家族と同居をはじめたのをきっかけに、料理教室のお仕事はお休みにしました。するとしばらくして今度は、家事や子育てについて、人前でお話しをする機会をいただくようになりました。集まってくださるのは、自分の娘よりも若いお母さんたちです。「そうか、私もお若い方々にお教えするような年齢になったのだな」と、しばらくはこのお役目をがんばっていこうと思いました。不思議なことに、みなさんの前に座ると言葉が自然に出てきまして、自分でも話しをしながら気づくことがたくさんありました。

内容はその時々で少しずつ違いますが、私がみなさんお伝えしたいのは、家の仕事で「こうじゃなきゃダメ」はひとつもないってことです。家族構成、生活リズムほか、さまざまな条件などで環境はみんな違う。10人いれば、10人がぜんぶ違うと思います。誰かの家がこうしているからとかではなく、自分のなかで居心地がいいように生活するのがいちばんなのです。せっかく同じ家事をするならば、ご自分がたのしめる方法を見つけて欲しいと願いながらお話しをしています。そこからまた、本や雑誌のお仕事もいただけるように広がりまして、私自身もいろいろな方々との出会いから刺激を受けて、たのしんでいます。

夫婦のこと

自分の若い頃を思い返しますと、わりと活発に動いていました。高校では山岳部に入っていたこともあり、旅行と山登りをたのしんでいました。まだ機関車が走っていて、トンネルを通るたびに「窓を閉めて！」なんてバタバタしていた時代です。登山食ではおなじみのインスタントラーメンも、出まわりはじめだったんじゃないかしら。いろんな場所に出かけていたなかで、丹沢山で夜空にたくさんの流れ星を見たことは、今も心に残っています。

7つ年上の主人とは、職場で出会いました。仲のいい職場で、グループでよく遊びに行き、その仲間のひとりに主人がいたのです。海育ちの活発な人でしたので、お互いに気があったのでしょうか。私が質問したことに、何でも答えてくれるところも頼もしく思いました。

結婚式は、清里の教会で挙げました。主人は当時流行っていたアイビールックに「VAN」の靴、私は白のウエディングドレスです。ふたりとも、若かっ

たのですね。しばらく共働きをしてから家庭に入ると、私が28歳のときに娘を、30歳で息子を授かりました。子育て時代、主人の仕事は帰りが早くて家族みんなで晩ごはんが食べられましたので、夫婦が話せる機会も多かったのは、よかったと思っています。週末になると、だいたい土曜日は私の実家に行き、日曜日は主人の実家に行くようなすごし方でした。私は実家の父から「結婚したのだから、ひとりでこの家に帰ってきちゃいけない」と言われていました。また、「ご主人をひとりで実家に行かせちゃいけない」とも（私がひとりで主人の実家に行くぶんにはいいのだそうです）。ですからそうやって、家族みんなでお互いの実家を行き来していたわけです。

やがて子どもたちが家を離れ、夫婦ふたりの時間が訪れると、友だち夫婦と一緒にあちこちへ出かけるようになりました。20年近く、子どもたちを間に挟んでの関係だったのが、急にふたりになって最初は戸惑いましたが、「出かける」という夫婦共通の趣味を思い出したおかげで、たのしくなりました。

こう書いていますと、いつも一緒にいる夫婦のように思われてしまうかもしれませんが、そうでもないのです。主人は考え方が自由な人で、サラリーマンをリタイアしたあとに「今までの人生で一度も経験してこなかったから、ひとり暮らしをしたい」と言い出しました。長年、主人が外で働いて、私が家事をするというのがわが家の分担でしたので、掃除はしてくれていたものの、料理については主人はまったくしたことがありません。「大丈夫なのかしら」と心配でしたが、ちょうど新潟に私の友人の別荘が空いていたので、2年ほどそこを借りてひとり暮らしをたのしんでいました。月に一回は、私が新潟に行くか主人が葉山に帰るかをして、一週間ぐらいは一緒にすごしていました。私としても、その頃は働いている息子しか家にいませんでしたので、ひとり暮らしも同然です。お互いに、いい経験ができたのかもしれません。

娘家族との同居を機にひとり暮らしを引き上げてからも、主人は午前中、畑でひとりの時間をすごしていますし、夕方前には4キロの距離をウォーキングに出かけます。縁あって住んだ葉山の街は「海もあれば、山もある」から、歩いていて気持ちがいいのだそう。主人の健康には、食生活だけでなく身体を動かす習慣も、一役かっているのでしょう。春から秋にかけては、地元の旧友や学生時代のお仲間たちと釣りなどにくり出すことも多く、年に2~3回は泊ま

りがけで遊んでいます。どうやら「おもしろクラブ」という名前をつけて活動しているようで、年間計画表まで作っていました。主人が自分のやるべきことを持っている人なので、私も自分の時間を持ちやすく、夫婦べったりでない関係がちょうどいいと思っています。

ひとり暮らしもしていた主人ですから、今では料理もできるのだろうと思いますが、私が出かけるときには準備をして置いていくか、娘や息子家族と一緒に食べてもらっています。古い考えかもしれませんけれども、主人に不自由をかけたくないと、つい思ってしまうのです。それというのも、自分たちの今があるのは主人のおかげだという気持ちがあります。主人が長年、真面目に働いてきてくれましたから、食べるに困ることなく、ほどほどに遊びに行くこともできました。わが家はほんとうにふつうの暮らしですが、ふつうに暮らせるって、いちばん難しく、それができるのは素晴らしいことだと思っています。だからそういう暮らしをさせてくれた主人には、とても感謝しているのです。

思えば結婚して、もう45年が経ちました。ふだんは口に出すことはありませんが、時々はそんな気持ちも思い出しています。

お金をかける、かけないの価値観

子どもたちが幼稚園の頃、園で開催するお話し会の係をしていたときのことです。スペイン人の園長先生からハッとすることを教えていただきました。予定の人数より参加者が少なかったものですから、申し訳ない気がした私は先生に「これしか人が集まらなかったんです」とご報告しました。すると先生は「こんなに集まってくださったのですね」とうれしそうにおっしゃいました。たしかに、ここにいらっしゃる一人ひとりがお話しを聞こうと足を運んでくださったのに、「これしか」なんて失礼です。これだけの人が気持ちを寄せてくださったのだと、自分もそんな風に物事を受け止めたいと思いました。

それは何に対しても、たとえばお金に関しても言えることだと気づきました。もし手元に1万円があったとして、「今月はもう1万円しかない」と思うより、「まだ1万円もある」と思ったほうが、豊かな気持ちになります。実際、そう心がけてみると、同じ額でもぜんぜん違うと感じました。家計のやりくりをするなかで予算がないときでも、かたまり肉が買えなければ挽き肉でおいしく作ればいいですし、もやしを使うにしてもちゃんとひげ根をとったりしていれば、心を込めて料理を作っているようないい気分になります。「気の持ちよう」って不思議なもので、ささいなことでも、いい様に、いい様にとらえていると、心にそういうクセがついていきます。

さて、わが家のお金の使い方をあらためて考えてみました。

いちばんは食べることに、お金を活かしていると思います。毎日の食事が家族の身体を作るわけですから、食べものを節約して病気になるほうがつまらないと思っています。豪華な食材を買うという意味ではなく、品数を多くするのと、なるべくよけいな添加物はとらないように選んでいます。調味料はラベルを見て原材料がシンプルなものをチェックしていますが、こだわりすぎると不自由になりますので、近所のスーパーで買える範囲のものでヨシとします。砂糖はミネラルを含む「きび砂糖」を選んだり、みりん風調味料ではなく「本みりん」を選んだり。小麦粉は食物繊維を含む全粒粉や、日本人に合うと言われる米粉を使うこともあります。

食材はたくさん買うほうですけれど、そのぶん、買ったものは使い切りますし、外食をあまりしないことで、メリハリがついているのではないかしら。家族が多いので1回の外食がまとまった額になりますから、誰かのお誕生日やお祝いごとなど、とくべつなときだけ外のごはんをたのしんでいます。

余談ですが、最近は仕事で都心に出かけることも多くなりました。お昼をまたいでも、ひとりのときにはどこでランチを食べていいのかわかりませんので、いつもの焼きおにぎりをふたつ、持参しています。ランチにお金をかけないぶん、帰りの電車でグリーン車に座っておにぎりを食べているのです。ちょっとした旅行気分が味わえる、私のささやかな贅沢です。

お金をかけないものと言えば、車には夫婦ともどもこだわりがありません。住んでいる場所がら車は必需品ですが、動けばいいという考えで、息子のお下がりや中古で買った車に乗っています。化粧品にもお金はかけませんし、今ではアクセサリーやお洋服も、ほんとうに欲しいものがない限り、買いません。

お金は大切ですが、額面ばかりに気持ちがいくと、純粋なお買い物ができない気がしています。家具や道具、おしゃれのものなどを選ぶときは、ほんとうに自分がそれを欲しいかどうか、好きかどうかに気持ちを向けたいので、最初に値札を確認するようなことはあえてしないのです。もちろん、欲しいと思っても、いざお値段を見てあまりにも高かったら「今は時期じゃないんだわ」ときっぱりあきらめる場合もありますし、いったん家に帰って数日間よくよく考え、「がんばれば買える！」と思い切ることもあります。家具などはお値段がはりますけれど、毎日毎日ながめるものですし、一度買ったら長いつき合いですから、できる範囲のなかで妥協せずに選んだほうがいいと思うのです。

そんな風にすごしてきましたから、あまり手元にお金は残りませんけれど。私が20年以上使っているもののなかには、自分で繕いながら着ている３５００円で買ったコートなどもありますし、つくづくお値段の高い安いは関係ないのですね。

お金についてあれこれ振り返ってみましたが、いつも私が思っているのは「お金にかえられないことが、いっぱいある」ってこと。時間、経験、健康、人間関係――。お金じゃ買えないものを持っているほうが、人生おもしろくなる。そんな気がしてなりません。

子育ては、思い通りにならないもの

　子育てのことでは、あまり悩んだ覚えがありません。子どもたちは健康でしたし、とくべつ勉強ができるわけでなくても、それは小さなことです。悩むほどのことでは、なかったですね。

　娘と息子は、まったく違うタイプでした。そもそも子どもは全員、一人ひとりが違うわけですが、私もはじめての子育てでしたし、同じように育てているつもりでしたから、違いについて深く意識はしていなかったのです。でも、学校で進路相談をしていたときに、娘と息子の両方を知っている担任の先生から「お母さん、娘さんと同じように、息子さんのことを考えてはいけませんよ」と言われまして、その通りだわと納得しました。

　生きていくうえで大事なのは、知識よりも知恵だと私は思っています。学校の成績や学歴は、社会に出て実践の段階になれば関係のないものです。当たり前のことですが親の理想や期待を子どもに向けるべきではないと、成長していく子どもたちから教わりながら、自分も親として育っていったのだと思います。通り過ぎてきた今だからこそわかりますが、子どもには口で言ってもダメですね。子どもは親の背中を見て育ちます。親としては、自分の役目さえしていたら、あとは自然のなりゆきに任せているしかありません。

私が思う親の役目とは、子どもがふつうの生活を送れるようにすることでした。朝は決まった時間に起きて、温かいごはんを食べる。学校から帰ってきて、宿題をすませてから、遊ぶ。約束の時間に帰ってきて、一緒にごはんを食べて、お風呂に入り、お布団で眠る。私の場合は自分が「やることは先にすませる」がモットーなので、「宿題は先にすませてから」という部分は、大事にしていました。小さい頃からしていれば、当たり前のように習慣になります。習慣になれば子どももラクですので、わが家なりの生活リズムをつけることは、親がしてあげられることなのかなと思っていました。

知恵を身につけるうえでは、家のお手伝いはとてもいい機会です。娘が小学2年生の頃に、学校の先生から「家でお手伝いをしましょう」と言われまして、朝晩の「食器洗い」が子どもたちの日課になりました。夜ごはんのあとは娘が洗って、息子が拭く。朝ごはんのあとはその反対です。ふたりで合唱しながらキッチンに立っている様子は、とても幸せな光景でした。最初は洗い直したいぐらいの仕上がりでしたけれど、ぐーっとガマン。絶対に洗い直してはいけないのです。私ができるのは、子どもたちが食器を洗いやすいように、キッチンのシンクのなかは洗い物の食器以外、何もない状態にしておくことでした。そのおかげで、私も食事の前にキッチンを片づけておく習慣ができたのです。

それから、子どもたちにやらせて、自分は座っているというのはダメなんですね。子どもたちも、私が座っていると動こうとしません。そういうときは口で言うのではなく、私も別の家事をして一緒に動き出すことで、子どもたちを促していました。このお手伝いは、小学生いっぱいは続けてくれたでしょうか。中学生になると朝が早くなったりで、だんだんとなくなりました。

思春期になれば、いろいろな面で立ちゆかなくなることがあるかもしれません。うちの息子が大人になってから尋ねてみたところ、思春期の頃、私の小言は「聞いてなかった。音楽のようだった」と話しておりました。

でもそれも、一時的なことです。私は「家のなかに〝いいにおい〟をただよわ

わが家には、小学５年生の女の子、４年生の男の子、２年生の女の子の、３人の孫がいます。みんな宿題をすませてから遊びに行くのが習慣で、夕べのチャイムが鳴るとちゃんと帰ってきます。

せておけば、子どもは自然といい子に育つ」と思ってきました。ごはんを作るときのおいしそうなにおいや、干したばかりの布団からするお日様のにおいは、人を幸せな気持ちにさせます。思春期に親ができるのはごはんの支度だけって、よく言われますけれども、その通りかもしれません。心配をしてもどうにもなりませんので、幸せな気持ちをいっぱい体感してもらおうと動いていました。

現在ではその子どもたちも結婚し、同居をして、小さな孫たちと一緒の生活です。私は祖母であり、親ではありませんので、いろいろな方針は親に任せておりますが、孫たちにも「宿題は先にすませてから」は相変わらず教えていますし、お手伝いも任せています。小学5年生の孫娘は、食事の前のテーブルセッティングを手伝ってくれるのですが、その日の献立に合わせて上手に器やカトラリーを並べているのが素晴らしいなと思います。

わが子の頃と違う点と言えば、今の時代、いろんなお菓子が世のなかにありますでしょう。いちいち「ダメ」と言っていたら、よけいに食べたくなりますし、ストレスのほうがよくありません。私自身、食べものにこだわりはありますが、執着はしたくないので、こんな方法にしました。わが家には「お菓子の引き出し」がありまして、週末の買い出しで娘や孫が選んだ市販のお菓子が入っています。孫たちはおやつの時間になると、食べたいお菓子を引き出しから自分で選んで、お皿に移して食べていいことに。この「自分で選んで」と「お皿に移す」のがポイントです。自由に食べられるようで気持ちが満足しますし、お皿になくなると区切りがつきますから、食べすぎることがありません。子どもの好きにさせながらも「ここまでは」という手綱は握っている感覚でしょうか。何歳まで通用するかわかりませんけれども、小さい頃に身につけた習慣はきっと宝物になると信じながら、孫たちにも接しています。

リビングにある水屋箪笥の引き出しふたつ分を、孫たちのお菓子用に。食べきりやすいように小袋のものを買うことが多いです。ここから自由に選んでいきます。

自分を喜ばせるのが先

40～50代って、人生でいちばんいい時期かもしれません。さまざまな経験をしてきた年代だからこそ、自分のことが少しずつわかってきて、自分らしいすごし方を見つけていけたり、再び手にした時間をたのしめたり、そんな風にすごせる意味で「いい時期」だと思うのです。

私の場合も、子どもたちの手が離れ、自分に目が向けられるようになったのがちょうどその頃でした。お友だちと出かけて帰ってきますと、たのしい思いをしてウキウキしていますので、家族にやさしくなれる自分に気がつきました。専業主婦や母親の立場って、ひとりで遊ぶことに罪悪感を持ちがちです。でも、イライラしたり、怒ったりするのは、たいてい自分が忙しいときや、疲れているときです。家族に喜んでもらいたくて家事をしているはずなのに、イヤイヤしていたら台無しになります。まずは家族、まずは家族と思って生活してきましたが、まずは自分を喜ばせてからでないと、人を喜ばせることはできないというのが、40代をすぎてようやく実感できたのでした。

自分の気持ちを整えるために、身近なリフレッシュの方法や、ストレス解消法も持っていたいものです。私にとっては、パパーッと家事を片づけて達成感を得るのも、ある意味リフレッシュになっているのだと思います。あとはそもそも「気にしないこと」で、なるべくストレスをためないようにしています。ちょっと胸の奥がモヤモヤしたときには、声に出してこう言います。「あー、やだやだ。こんなこと考えていたら病気になっちゃうから、やーめた」。

それというのも数年前に、40度の熱が一週間ほど続いたことがありました。血圧も上がって、上が170近くに。病気らしい病気をしたことがなかったので驚きましたが、そのときに看てくださったお医者様が「これはストレスだから」とお薬を出しませんでした。ストレスで身体がこんなに反応するのなら、悩んだりするのはほんとうにソンだと思い知りました。

よくよく考えてみれば、私の毎日にたいした悩みなんてないのです。それに気づけないほどに、感謝の気持ちを忘れるほどに、自分を疲れさせてはいけないのだと思っています。

第五章

あたらしい住まい方

3世帯での暮らしがはじまる

築50年以上のわが家を建て直し、この秋より3世帯の暮らしになりました。1階に私たち夫婦が住み、2階は娘家族、3階は息子家族が、それぞれ住んでいます。2人＋4人＋3人の、総勢9人暮らしです。

もともと娘たちとは同居をしていましたし、息子たちも近所に住んでいましたので、そこまで大きな変化はないものの、娘家族にも専用のキッチンができましたので、別々に食事をする日が少し増えたり、私たち夫婦が2階や3階で食べさせてもらったりする機会もできました。玄関は別々にありますが、私たちが1階にいますので、何かと気にかけて立ち寄ってくれます。孫たちもいまで通り、学校帰りにはうちのリビングで宿題をしたり、おやつを食べたり、賑やかにすごしています。

みんなでひとつ屋根の下に暮らし、お互いに支え合えるのはとてもありがたいことですが、別々の家族であるという意識は持っていたいと思います。とくに子育てのことは口出ししないように。親がいる前で孫のことは怒りませんし、学校関係のことは親の領域ですので、保護者会のような場所に代わりに出ることもありません。当たり前ですが、こんなにかわいがっていても、孫たちはママとパパがいちばん。やっぱりママなのね……なんて思うときもありますが、そうじゃないと困りますものね。

あとひとつ。いちばん忘れてはいけないのは、こうして3世帯で仲良く暮らせる幸せを私たち夫婦が味わえているのは、お嫁さんとお婿さんの同意と協力があってこそです。お嫁さんとお婿さんに、心から感謝しています。

いちばん上の孫がよちよち歩きをはじめた頃に、私が手作りしたリュック。小さいので今はもう背負えませんが、ひ孫のときに出番があることを期待しています。

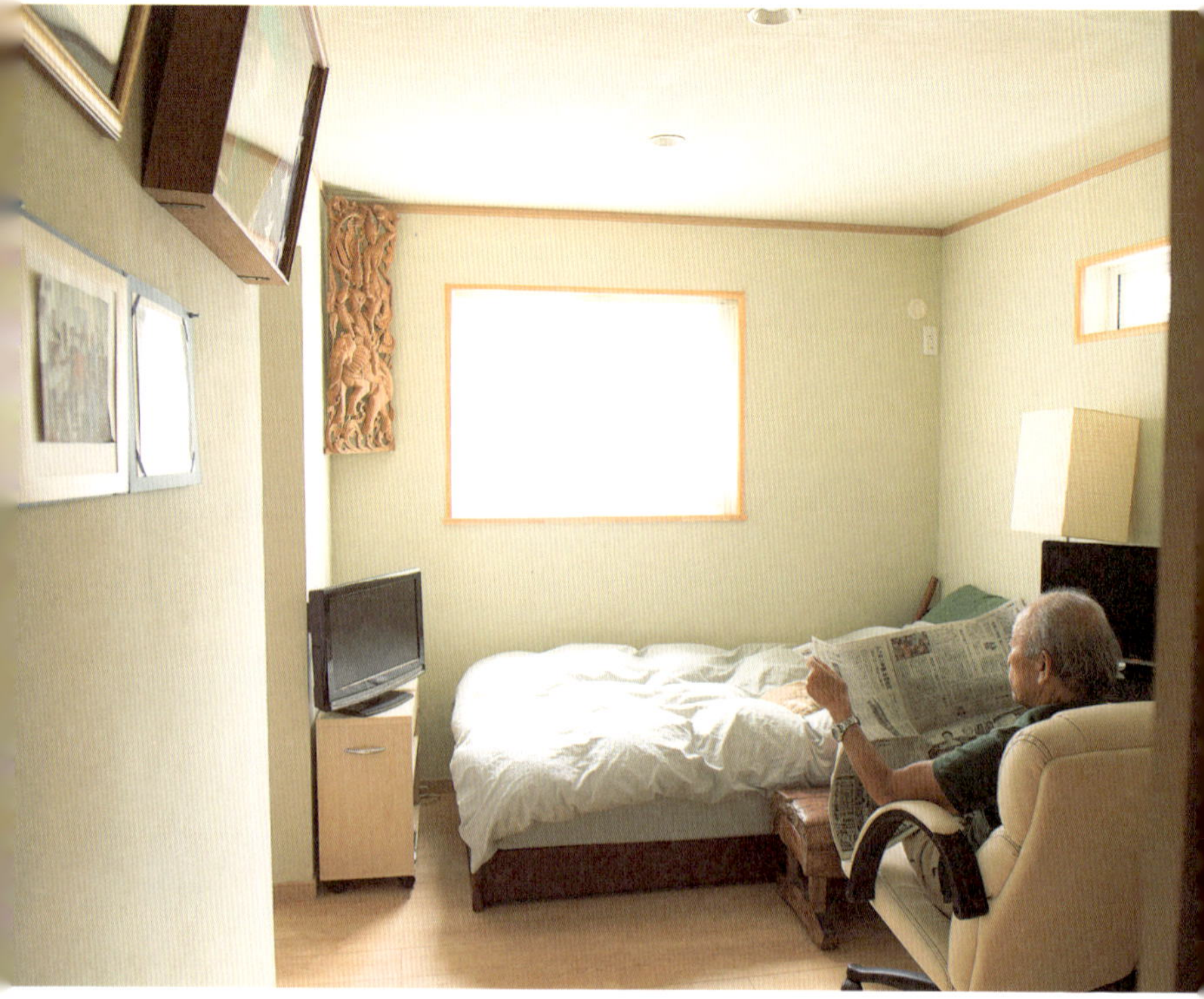

1階の私たちの間取りは2LDK＋納戸です。夫婦それぞれに個室ができました。建築家さんのご提案で、ふたりの個室の間に扉があって、行き来がしやすいように。

私はこの8年ぐらいリビングで寝ていましたので、久々の自分の部屋です。まだ殺風景なので、畑から花を摘んで飾りました。洋服は、夫婦共用の納戸にまとめています。

ものの置き場所

家を建て直すにあたって、2回の引っ越しを経験しました。長年住んでいた古い一軒家と、仮住まいをしていたマンション、新しく建てた家では、間取りはそれぞれに違いますが、自分のものの使い方がわかっていますから、収納にそう悩むことはありませんでした。ものの置き場所は「使ったら戻す」を「ラクに繰り返せるように」考えます。ジャンル分けをして、使う場所の近くに、出し入れしやすくしまっていきます。

パズルのように、あたえられた条件のなかで組み合わせていくのは、おもしろい作業でした。新しい家では、食器棚のように大きな家具だけはあらかじめ配置を組み込んで、間取りを考えてもらっています。ソファやダイニングテーブルなど、減らした家具はあっても、新しく買った家具は今のところベッドぐらいでしょうか。なじみの家具や道具に囲まれていますと、家という箱が変わっても、使い勝手に大きく戸惑うことはないようです。

お仏壇と大きな食器棚の置き場所は悩みがちですから、
リビングのすみにコーナーを作りました。こちらの食器棚のなかには、お重や漆ものなどが入っています。

指定席をつくる

ジャンル分けをして、自分の使い方を分析。よく使うものほど、出し入れしやすい場所に指定席を決めていきます。

一日に何度も使うおぼん、コップ類は、キッチンのシンクの背面にある造りつけ収納のなかへ。とくにコップは孫たちが使うものだけを、取り出しやすくまとめています。

ハンカチ、ショールなどの巻きものは、出かける前にさっと手に取りたいので、玄関に置いたたんすのなかを指定席に。巻きものは引き出し内に立てて並べ、選びやすくしています。

食器棚の整理整頓

収納を見直したいときに、玄関や洗面所などの限られた空間から手をつけるのがいいそうです。食器棚も用途がはっきりしているうえに、適当に入れると器がおさまらないので、最初に取りかかるにはいい場所だと思います。お皿、お椀、小鉢など、さまざまな形がありますから、自分のなかでちゃんとジャンル分けをしないと、あちこち探すはめになりますし、余裕を持ってしまわないと、取り出しにくくなります。とてもわかりやすいのです。

わが家では30年前に買った水屋箪笥を、メインの食器棚として使っています。新しい家に引っ越してからは圧迫感がないように、二段重ねだったのを外して、一段ずつ隣りに並べました。じつはここに入りきらない器がたくさんありまして、引っ越しを機に全体の3割は減らしたのです。自分の趣味は決まっていますから、パッと見て気に入って買うと、同じようなものばかりが集まるのですね。反省して、これからはちゃんと入りきる範囲を保とうと誓いました。

CLOSE

OPEN

向かって左手に、キッチンの入口がありますので、ごはん茶碗やふだん使いのお皿を収納しています。いちばん右側には大皿を収納。そちらも毎日のように使っていますが、サイズでわかりやすく分類しました。

キッチンに近い場所に、よく使う銘々皿などをまとめました。左上にある沖縄のやちむんは、スープにもごはんにも合わせられるところがお気に入り。出番が少ないものは、後ろに並べます。

揃いの器でないものは、形が近いもの同士を重ねます。適当に入れてもおさまらないので、出し入れの際にぶつからないように、重ねても不安定じゃないように、組み合わせていきます。

毎食のように使う家族分のごはん茶碗とお椀は、キッチンに近い左側の引き出しのなかへ収納しました。安定するように下向きに並べ、底にはクロスを敷いておきます。

長皿は、引き出しのなかに奥行きを活かして収納すると、おさまりがいいのです。引き出しを開けて上から見たときに、何のお皿が入っているのか、すぐわかるように重ねていきます。

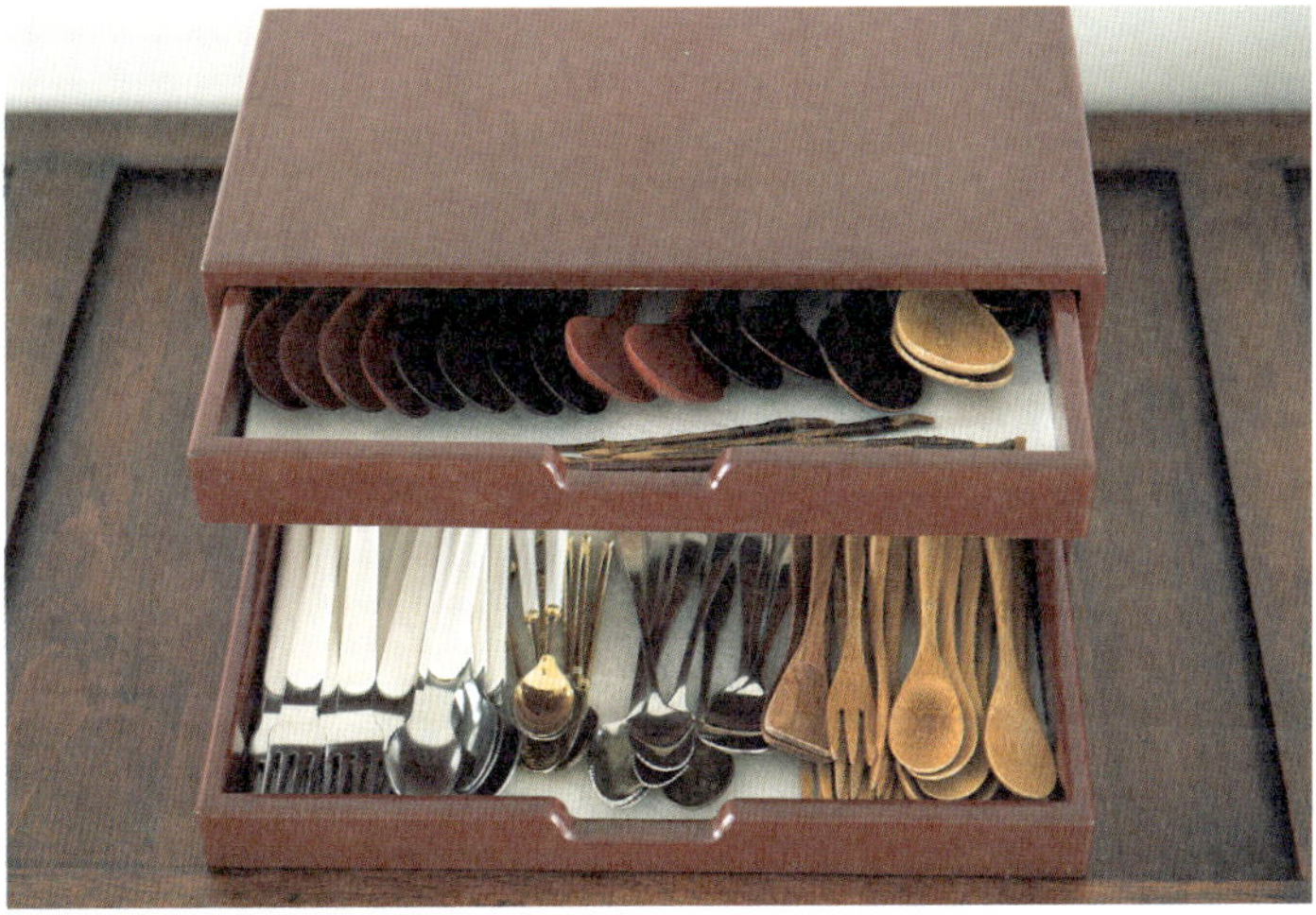

カトラリー類は小引き出しにひとまとめ。引き出しの奥にデッドスペースがあると、開け閉めの際にカトラリーが動いてしまうので、段ボールをつめて押さえています。

キッチンカウンターの下に置いた別の小さなたんすには、ぐい飲みのほか、箸置き、茶托などの小物を収納しています。かごを使ってまとめながら、開け閉めの際に動かないように。

引き出し収納の場合は、ワンジャンルのものをしまうのがわかりやすいのです。こちらの引き出しには豆皿をまとめました。小さな器は揃いで買うことが多いです。

ドアだけ選びました

家を建てたのははじめての経験でしたが、私自身はとくにこだわったところはないのです。キッチンなどの設備も、娘や息子家族が選んだものに合わせて決めていきました。同じメーカーで揃えたほうがコストダウンになりますし、これまでもあたえられたキッチンで充分に仕事ができましたので、手に入ったものを使えばいいという考えでおりました。

唯一、自分で希望を出したのが、無垢の木を使った玄関扉をつけたいということです。いつものぞいている近所の工房が、国産の木を使った家具を手がけていて、ここで扉をお願いしたら素敵だろうなと思っていました。建築家さんからは予算オーバーとすぐに却下されたのですが、家族がなんとか交渉してくれたよう。叶うとわかったときには、ほんとうにうれしい気持ちでした。陽当たりのいい場所ですので工房の方は手仕事を尽くしてくださり、楢の木を漆で仕上げた格子の扉が、わが家の顔になりました。

欅の取っ手は、握った手の平にしっくりとくる形。手触りも気持ち良く、美しい木目が気に入っています。

おわりに

この本を作るにあたり、これまでの自分をたくさん振り返りました。
長い人生のなかでは良いことも、あまり良くないことも
ありましたけれど、山あり谷あり、ならせば平。
わが家のように平凡なふつうの生活ですと、
小さな山であり、小さな谷でした。
若い頃には人と自分を比較したり、
誰かの境遇をうらやましがったりすることもあったのですが、
うらやむというマイナスの気持ちは、自分を疲れさせました。
ちょっと目線をずらしてみれば、
自分にもわが家にもいいことはいっぱいある。

そう思って、なるべくいいことを見つけるようにしていたら、
だんだんと気持ちが明るくなりました。自己満足の効果は絶大です。
毎日は同じことの繰り返しですが、
今日もまた同じことができるって、なんて幸せなのでしょう。
最近、心からそう思えるようになったのは、歳のおかげかもしれません。
本のなかでは、ふだんはしないような自分の話を
いろいろとしましたので、ちょっとだけ恥ずかしい気持ちでいます。
最後まで読んでくださったみなさま、
ほんとうにありがとうございました。

坂井 より子(さかい・よりこ)

1946年生まれ。神奈川県葉山在住。自宅で料理教室を主宰。主婦歴40年の経験を生かし、やさしい家庭料理の伝授と暮らしの知恵を交えた語りが好評を博し、さまざまな世代の女性から人気を集める。近年、お話し会を開催し、若いお母さんたちの支えとなる活動も行っている。著書に『受け継ぐ暮らし〜より子式・四季を愉しむ家しごと』(技術評論社)がある。

www.motherdictionary.com/sakaiyoriko

Staff

ブックデザイン　葉田いづみ
取材・文　石川理恵
写真　馬場わかな
企画進行　桑原紀佐子(mother dictionary)
作図　櫻井靖子
DTP　酒徳葉子(技術評論社)
編集　秋山絵美(技術評論社)

Special Thanks

SUNSHINE+CLOUD

暮《く》らしをつむぐ
より子式《こしき》・日々《ひび》の重《かさ》ねかた

2017年1月15日 初版　第1刷発行

著者　坂井《さかい》より子《こ》
発行者　片岡 巌
発行所　株式会社技術評論社
東京都新宿区市谷左内町21-13
電話　03-3513-6150(販売促進部)
03-3513-6166(書籍編集部)
印刷／製本　株式会社加藤文明社

ISBN978-4-7741-8639-9　C2077
Printed in Japan